流空间视阈下
城市群网络结构研究
——以京津冀城市群为例

THE NETWORK STRUCTURE OF URBAN AGGLOMERATION FROM
THE PERSPECTIVE OF FLOW SPACE
THE STUDY OF THE BEIJING-TIANJIN-HEBEI

张鹏飞 著

经济管理出版社
ECONOMY & MANAGEMENT PUBLISHING HOUSE

图书在版编目（CIP）数据

流空间视阈下城市群网络结构研究：以京津冀城市群为例/张鹏飞著 . —北京：经济管理出版社，2023.1

ISBN 978-7-5096-8843-4

Ⅰ.①流… Ⅱ.①张… Ⅲ.①城市群—空间结构—研究—华北地区 Ⅳ.①F299.272

中国国家版本馆 CIP 数据核字（2023）第 005653 号

组稿编辑：郭丽娟
责任编辑：魏晨红
责任印制：许　艳
责任校对：蔡晓臻

出版发行：经济管理出版社
　　　　　（北京市海淀区北蜂窝 8 号中雅大厦 A 座 11 层　100038）
网　　　址：www.E-mp.com.cn
电　　　话：（010）51915602
印　　　刷：唐山玺诚印务有限公司
经　　　销：新华书店
开　　　本：720mm×1000mm/16
印　　　张：12
字　　　数：216 千字
版　　　次：2023 年 2 月第 1 版　　2023 年 2 月第 1 次印刷
书　　　号：ISBN 978-7-5096-8843-4
定　　　价：88.00 元

序

　　城市是大型的人类聚居地，是通过人口聚居形成的一种空间载体和组织形式。地域相邻的多个城市可以形成一个城市群，我们可以简单地这样勾勒它：首先，城市群是城市发展到成熟阶段的空间组织形式，在城市发展的初期，虽然也有一个个的城市，但各个城市彼此分割，联系并不紧密；其次，城市群由在一定地域范围内的一组城市组成，这一组城市依托发达的交通、通信等基础设施形成联系密切的网络关系，其中一个、两个或多个特大城市是核心（核、双核或多核），在区域发展中发挥着引领作用；最后，城市群内各城市空间组织紧凑、经济联系密切、存在广泛的分工与协作关系，从长期看具有一体化的倾向。

　　2015 年以后，国务院先后批复了多个城市群发展规划，如长江中游城市群发展规划、哈长城市群发展规划、成渝城市群发展规划、长江三角洲城市群发展规划、中原城市群发展规划、北部湾城市群发展规划、关中平原城市群发展规划、呼包鄂榆城市群发展规划、兰西城市群发展规划、粤港澳大湾区城市群发展规划等，其目的在于通过区域内各城市之间的分工协作提高城市的效率，实现共赢发展，提高区域的整体竞争力；同时，也以此产生聚集效应和网络效应，提高规模经济效益。然而，在城市群的规划和发展中，也存在着一些问题：一是往往混淆"实然"和"应然"之间的区别，前者是"是什么"，反映的是客观现实，后者是"应该是什么"，反映的是人们的预期或期望；二是在城市群规划中常常带有一些"武断"的做法，即"主观地"把"彼"城市纳入而又把"此"城市排除；三是由于行政力量过于强势，使城市群规划一旦跨越省界便会遇到难以协调的问题，使交易成本陡增，造成规划难以实施；

四是在城市群规划时更多地考虑到城市间的经济联系，往往忽视环境问题，而环境的共同性是实现区域可持续发展必须要考虑的重要问题。对此，我的观点是，城市群的发展是一个"自然历史过程"（马克思语），虽然政府做出了规划和推动，但最终起作用的还是市场的力量；同时，城市群发展要解决的不仅是经济问题，更要解决资源、环境、经济、社会、人口、文化等可持续发展问题。

在城市群内部，中心城市（城市群的"核"）与其他城市之间的联系是遵从经济发展规律的。中心城市到其他城市间的距离越短，交通就越便利，人口聚集度也就越高。受空间距离的制约，处于城市群边角位置的城市受中心城市的辐射带动效应相对较低，这就是中心城市向外辐射的"涟漪"效应，类似于物体掉到水中时，所产生的涟漪渐渐扩大但力量却逐渐减弱的情形。

在信息时代，城市间的联系不再完全受限于城市间地理空间距离的制约。依托于互联网技术，城市群中心城市与周边城市之间的要素流动更加便利。譬如，技术可以通过互联网实现不同城市间的交流，有助于"总部—分部"的选址可以在更大范围内进行空间布局，从而搜寻到更适合相关产业布局的城市区位；又如，信息可以借助互联网实现及时沟通，及时更新的信息对人口聚集有促进作用，从而为城市发展带来新的活力。依托互联网实现技术、信息、资本等要素在城市间流动所形成的空间被称为"流空间"，它是基于传统的"场空间"提出来的概念。在"流空间"下，各种要素流在城市间形成一种空间结构，由此打破了传统的地理距离对城市间联系的束缚，可以充分地挖掘城市群范围内不同城市在整个空间结构中的作用。通过加强区域内不同城市间的联系，形成一个相对稳定的网络结构，从而实现区域内各城市间的协同、可持续发展。

张鹏飞在其博士学位论文的基础上，修改和扩充的《流空间视阈下城市群网络结构研究——以京津冀城市群为例》一书，借助"流空间"理论和方法来阐释城市群所具有的网络组织结构特征，并进一步探讨了这种"流空间"下的网络结构对区域协同发展的影响过程和机理，进而对京津冀城市群案例进行了比较深入的研究，得出了一些新的结论。早在博士论文答辩之时，答辩委员会就一致认为，论文选题意义重大，观点明确，结构合理，资料翔实，论证有力，且不乏真知灼见，是一篇具有较高水平的博士学位论文。答辩通过后，他查证资料，又对论文进行了补充和修改，使其学术观点更具有传播价值。与所有试图作出创新的成果一样，本书失误疏漏也在所难免，但这些缺憾并不影响其学术价值。

是为序。

刘学敏

（北京师范大学二级教授、北京师范大学资源经济与政策研究中心主任，教育部"马克思主义理论研究和建设工程"首席专家）

2022 年 7 月 25 日

前　言

2014 年京津冀协同发展上升为国家区域发展战略。《京津冀协同发展规划纲要》提出，要率先在交通、生态环保、产业三个重点领域实现突破，要在京津冀形成"四纵四横一环"的综合立体交通架构，构建"轨道上的京津冀"。可见，加强京津冀间的联系，成为实现区域协同发展的重点和突破口。那么，京津冀之间的联系情况到底如何？随着现代信息技术的发展，空间距离不再是制约城市间联系的主要因素，一种以流动为主要特征的流空间正在影响传统的地理空间。本书引入流空间理论，试图对传统的地理空间格局进行新的透视，以此来认识流空间下形成的京津冀城市群网络结构特征，探寻区域协同发展的路径。

本书的内容主要包括七章。第一章对研究城市网络结构的迫切性进行介绍和分析，并提出具体的研究意义、研究方法和整体研究架构。第二章对城市网络结构的相关概念、理论基础、研究进展进行了分析，为后文构建城市群网络结构及评价其效应奠定了理论基础。第三章对传统视域下城市群的特征及中国四大城市群的空间结构演化过程进行了重点介绍，据此提出流空间视域下地理空间的转变，并介绍了基于流空间理论构建城市群网络结构的测度模型及相关指标，从节点中心度、网络密度、网络等级和聚类分级进行测度，评估地理空间下城市群的空间格局，并通过对比分析传统地理空间下中国四大城市群的空间结构，指出流空间下城区网络结构对区域协同发展所具有的重要作用。第四章以京津冀城市群为研究对象，结合引力模型和城市流模型，分析了 2015～2021 年京津冀城市群的网络结构演变过程，评价了京津冀城市群网络结构的特征。第五章和第六章对流空间视域下城市群网络结构的形成模式及结构效应进行了重点分析。以京津冀城市群为研究对象，根据要素在节点城市上的集聚特征和流向，总结了城市群网络结构的形成模式，在此基础上分析了京津冀城市群网络结构在经济、环境和通达性方面的效应，并对三者的耦合关系进行了研究。在前文研究的基础上，第七章基于流空间视域下形成的城市群网络结构，利用结构方程模型，分析了流空间视域下京津冀城市群网络结构可能对区域协同产生的影响，评估了城市群协同发展的影响因素，提出了京津冀城市群协同发展的新路径。

本书的结论主要包括以下内容：

（1）京津冀城市群网络结构呈现明显的多中心性。北京市、天津市是京津冀城市群的两个核心节点城市，在不同流要素下与周围节点城市均具有较强的联系。在人流要素下，石家庄市、保定市、廊坊市与京津间的联系度有明显的增强；在信息流要素下，廊坊市、唐山市在城市群中与其他节点城市间的联系度较高，处于第二层级；在资金流要素下，廊坊市、沧州市、保定市与其他节点城市间的联系强度仅次于北京市、天津市。整体来看，石家庄市、保定市、廊坊市、唐山市成为京津冀城市群新的中心节点，京津冀城市群网络结构呈"2+4+2+2"格局。

（2）流空间视阈下的京津冀城市群网络结构稳定性增强。2015～2021年，在资金流、信息流和人流要素的作用下，京津冀城市群的节点城市中心度均呈增长趋势，城市群空间网络结构形成闭合区域，网络结构密度增加了0.25，节点城市的网络等级都提升了一级，多中心网络结构加强了节点间的直接联系，节点的中间中心度有不同程度的降低，次级节点城市的辐射带动效应初显，网络结构稳定性增强。

（3）京津冀城市群的网络结构在经济、环境、通达性上具有较好的耦合性。京津冀城市群的综合耦合度都接近于1，说明各节点城市在经济效应、环境效应和通达性效应间的相互作用都比较强，但耦合的协调度除北京市、天津市、廊坊市外，都处于轻度失调状态，说明制约京津冀城市群区域协同发展有待进一步提高。

（4）城市综合生产力对提高城市间联系度既有直接效应又有间接效应。提高京津冀城市群节点城市综合生产力、加强城市间的联系、提升网络结构稳定性，将是推进京津冀城市群协同发展的有效途径。

本书的创新之处在于：一是基于多元流要素构建了城市群网络空间结构，并从宏观层面和微观层面分析了城市群网络空间结构的特征。二是对流空间下城市群网络空间结构综合效应进行了评估，并对其经济、环境和通达性三大系统的耦合性进行了分析。三是阐释了流空间下京津冀城市群网络结构对区域协同发展的影响机制，评估了影响京津冀城市群协同发展的主要因素，提出了促进京津冀城市群协同发展的新路径。

目　录

第一章　绪　论

21 世纪以来，快速的经济发展带动了城市化进程的不断加快，中国社会格局在城市化、工业化的影响下得到了进一步分化。经济体制改革加快了阶层分化的空间化进程，进而引发了城市居住空间的分化（Logan，2001）。在经济全球化和信息技术快速发展的背景下，城市空间结构发生了巨大的变化，由点状的单个城市转变为线状的城市带（区），再转变为面状的城市群（大都市圈），城市空间结构成为学者关注的重点。探讨城市空间结构，首先要从空间结构说起。空间结构是对区域内自然、生态、经济和社会等结构的空间组合，一般分为广义的空间结构和狭义的空间结构。广义的空间结构又称地域结构，反映的是自然和人类活动作用于地球表面所形成的空间组织形式。狭义的空间结构指社会经济的空间结构，即在一定地域范围内社会经济要素的相互区位关系和分布形式。空间结构一般由节点、网络、面、等级、相互作用和扩散六大要素组成。而城市空间结构则是将空间结构的研究对象聚焦在城市，是城市的各个要素通过其内在机制（包括与社会过程之间的相互关系）相互作用而表现出来的空间形态。目前，我国学者对城市空间结构的研究主要集中在不同规模下城市内在结构的特点及机制上，例如，丁成日（2004）对城市竞争力与空间结构间关系的研究，宋吉涛等（2006）对城市群空间结构稳定性的研究，周彬学等（2013）对北京市城市空间结构的研究，周春山和叶昌东（2013）对中国特大城市空间结构的研究，段德忠等（2015）对上海等大城市创新空间的研究，刘子长（2018）对国际大都市圈城市空间结构形态的研究，等等。

随着信息化技术的不断革新，城市间的联系不再局限于物理空间，借助于互联网可以实现跨区域远距离的城市间的联系，区域间的相互作用、协同发展成为当前城市发展的主要方向。因此，仅研究城市内部的空间结构已不能满足现实的要求，探究区域的网络空间结构及区域协同发展成为学者关注的重点。京津冀协同发展是国家区域发展战略之一，自 2014 年以来，尤其是 2015 年《京津冀协同发展规划纲要》颁布以来，国家出台了一系列协同发展规划政策，经过几年的发展，京津冀城市群已初步形成"四纵四横一环"的综合立体交通架构。随着现代信息技术的发展，在虚拟网络的作用下，城市间形成了更复杂的联系，空间距离不再是制约城市间联系的主要因素，一种以流动为主要特征的流空间正在影响传统的"地理空间"。这种流空间的表现形式如何、与"地理空间"结合后的网络结构效应如何、与区域协同发展的关系如何成为人们关注的重点。本书就当前中国城市群网络结构的构建展开理论与实证探索。

第一节　网络结构：一个分析当前中国城市的重要维度

城市是人类文明发展到一定历史阶段的产物，随着工业革命的推进，劳动水平得到了快速发展，大量的劳动力涌入工厂，其聚集地逐渐形成了城市，城市的主要特征为产业系统对资源进行有效的配置（吴建伟和毛蔚瀛，2009）。改革开放以来，中国在经济和城市化方面均得到了快速发展，城市经济的增长带动了国家经济的增长。根据国家统计局公布的数据可知，1978~2020 年，中国的城市数量从 193 个增长到了 687 个，城市数量快速增长，城市规模不断扩大。

城市是人类文明的集中体现，是生产、生活、生态的集合体。一方面，城市具有机遇、时尚、文化、服务等优势；另一方面，城市面临着雾霾、交通拥堵、土地紧缺、房价过高、水污染等一系列挑战（吴建伟和毛蔚瀛，2009）。尽管城市面临着一系列问题，但依旧不影响人们向大城市的迁移，城市的常住人口在短期内得到了大幅度的提升。2020 年国家统计局的数据显示，2020 年北京市的常住人口突破 2189 万人，远超 2020 年 1800 万人的控制目标；2020 年天津市的常住人口突破 1386 万人，超过 2020 年 1350 万人的控制目标；2020 年上海市的常住人口突破 2487 万人，远超 2020 年 1850 万人的控制目标；2020 年西安市的常住人口突破 1295 万人，远超 2020 年 1070 万人的控制目标。此外，一些地方在城市建设中表现出了重复、低效的特征，导致政府财政赤字严重，而城市产业、公共服务等功能的不完善也导致了城市运转效率低下。

城市化是社会经济发展的主要表现形式之一，是衡量一个国家或地区发展水平的主要指标。随着城市化进程的不断加快，城市发展理论也在不断得到完善，从田园城市论到中心地理论，再到中心—边缘理论，不断指导城市的发展（Berry，1988；Li，2012；McDonald，2007）。自城市形成以来，世界城市化水平得到不断提高。19世纪全球城市化水平为2.4%（Moore et al.，2003），20世纪初达到了13.3%（Guo et al.，2020），21世纪初接近50%，预计2025年将突破60%（世界银行，2010）。快速的城市化进程促使城市形态经历了单个城市的点状分布—城市群的面状分布—都市圈的圈层式分布的转变，代表着城市从单一城市不断转变为区域网络结构，城市间在人流、物流方面的联系更加紧密。全球已形成了五大世界级大都市圈：以纽约为核心的美国纽约都市圈、以芝加哥为核心的北美五大湖都市圈、以东京为核心的日本太平洋沿岸都市圈、以巴黎为核心的欧洲西北部都市圈和以伦敦为核心的英国中南部都市圈。这些都市圈的经济总量都占到了所在国家经济总量的70%以上（Omer，2010），属于国家和地区的经济发展高地。

随着中国城市化的快速推进，出现了发展质量低的问题，对此，学者们进行了多层次的研究，大致可分为以下两种观点：其一，应该限制大城市的发展，加快推进中小城市的发展；其二，要实现城市化的高质量发展，应该先提高小城镇的发展水平（安虎森、陈明，2015）。但是，无论是优先发展小城镇，还是加快推进中小城市的发展，都具有一定的局限性，其都是从单一城市的发展战略进行分析的。在信息化时代，信息技术的变革加快了全球化进程，促进了新型全球地域分工的形成，使传统受地理空间距离影响的生产活动逐渐丧失了其固有的垄断性，跨国公司在信息技术的支持下，在全球范围内进行空间格局构建，加强了全球区域的联系强度。全球化、新区域主义、流动空间等新理论对区域发展提出了新的要求，单纯以城市为基本单元的发展观念已无法解释信息时代背景下以网络结构为主体的空间扩展与产业竞争现象。

城市网络是信息时代城市发展的一种新格局。有研究表明，66%的世界总产出量是基于全球经济产出排名在前40的城市网络经济总产出形成的，这些区域主要分布在北美洲、亚洲、欧洲等地（Florida，1995）。在日本，大东京区、阪神区、名古屋区构成了日本的三大城市网络，仅用6%的日本国土面积聚集了61%的日本人口，说明城市网络在区域竞争中具有较大的优势，打破了传统的区域竞争格局。城市网络内的竞争被嵌套在更大的区域网络竞争之中，而这种更大的竞争需求减弱了内部的摩擦。基于此，具有不同功能和职能的城市可以借助城市网络组成一个复杂的网络结构，各城市在该网络结构中各司其职，带动整个网络结构的良性运转和协同发展，这是单一城市无法达到的效果。

中国在城市网络结构方面的研究起步较晚。最早是在 1985 年通过的《中共中央关于制定国民经济和社会发展第七个五年计划的建议》中提出了建设网络型经济区和经济区网络。2005 年，《中共中央关于制定国民经济和社会发展第十一个五年规划的建议》正式提出了"城市群"的概念，受到了学者的关注，此后相继提出了"城市带""大都市连绵区""都市圈"等概念，这些概念的提出都是基于多个城市的相互联系形成的城市网络。2014 年 3 月中共中央、国务院印发的《国家新型城镇化规划（2014—2020 年)》明确了"以城市群为主体形态，推动大中小城市和小城镇协调发展"的指导思想，并规划出了 19 个城市群，架构起"两横三纵"城镇化战略格局。2014 年提出重点实施"一带一路"倡议、"京津冀协同发展"和"长江经济带"战略，2017 年"粤港澳大湾区"接力珠三角正式上升为国家战略，2019 年 2 月国家发展和改革委员会出台了《关于培育发展现代化都市圈的指导意见》，旨在通过现代化都市圈建设提高区域竞争力，促进城市区域高质量发展，实现经济转型升级。城市网络结构对区域发展有积极的促进作用。截至 2022 年 5 月，我国共有 19 个城市群，以 25%的国土面积聚集了 75%的全国人口，所创造的经济总产值占全国总产值的 88%。

城市在区域发展中需要不断与外界发生联系，在城市群的基础上，区域范围得到扩大，城市间的联系不断加强，发展效果好于单一城市的发展。

在传统的城市网络结构中，城市间的联系仍然在很大程度上受地理空间距离的制约。城市网络的形成主要依赖于交通路网，一般来说，处在交通便利地区的城市与其他城市的联系度较强，而位于交通网边缘位置的城市与其他城市的联系较弱。在信息技术时代，城市间的联系不再单一受限于空间距离，城市间可以通过互联网实现数据、技术、资金等方面的联系，形成一种流动的空间，使城市网络结构中的各成员可以充分地发挥自己的优势，与网络结构中的其他城市形成良好的联系，取长补短，实现区域的长期可持续稳定发展。在此背景下，研究流空间下的城市群网络结构是非常有必要的。

一、科学技术发展加快了流空间的形成

21 世纪是信息技术时代，信息技术改变了人们的生活方式，把地球变成了"地球村"。从第一台计算机问世以来，信息技术发展的速度呈指数型增长。信息技术加快了互联网技术的革新，人们通过互联网提高了工作效率、丰富了生活、拉近了人与人之间的距离。科学技术实现了互联网通信的普及，从移动设备到网络传输速度，从网络内容到网络安全，都有了极大的提升。通过网络宣传城市已成为一种新的途径，由此可带动城市经济的发展。科学技术让产品更新速度加快，最直接的表现是高铁时代的到来让城市间的人流、物流移动效率更高，区域间的联系更紧密。科学技术让企业的布局更加多元化，企业不再单纯依靠交通网络进行布局，信息技术的使用加深了企业跨区域间的联系程度。在信息技术和互联网技术的支持下，要素在节点城市间的有向流动形成了新的虚拟空间，即流空间。流空间视角下的节点城市间可实现人流、物流、信息流等流量的传输和积累，流量在节点城市间的传输形成了不同流要素的网络空间，流要素在节点城市的累积，影响了节点城市在地理空间中的重要性，将促进地理空间结构的重构。因此，流空间视角下的空间结构正在影响传统的地理空间结构。在对城市发展的研究中，要充分考虑流量与地理空间相互作用所形成的复杂网络空间，这对挖掘城市在区域中的作用有重要意义。

二、城市群成为区域发展的主要形态

城市群是城市化进程中区域空间的主要表现形式。城市群的概念最早是由戈特曼（Gottman，1957）提出的，是指由相互联系的城市在地理空间上形成的连续的带状区域，也称大都市区或大都市带。城市群是国家参与国际竞争的基本单元，在促进区域经济发展中具有重要作用，已经成为区域发展的主要形态。如美国的波士顿—华盛顿城市群，由纽约、费城、波士顿、华盛顿、巴尔的摩等大城市组成，城市化水平超过了90%，是美国的经济核心带。1969 年，日本在第二个《全国综合开发规划》中提出要构建国土轴，从而形成以区域增长极带动全国发展。最终，形成了包括东京、名古屋、横滨、川崎、神户、大阪在内的太平洋沿岸城市群，集聚了近7000 万人，占日本全国总人口数的55%，成为日本经济发展水平最高的区域。英国以伦敦为核心的城市群包括大伦敦地区、伯明翰、曼彻斯特等大城市以及众多小城镇，总人口数达3600 余万，是英国最主要的产业聚集带和经济带。法国以巴黎为核心的城市群由巴黎、布鲁塞尔、阿姆斯特丹、海牙等城市组成，总人口数超过4600 万，是重要的经济增长极（见表1-1）。这些城市群在人口集聚、经济发展、国际竞争中都扮演了重要的角色。

城市群在一定程度上能促进区域更好地发展，但依靠传统的地理空间理论指导城市群发展已不能揭示信息化背景下区域间的发展联系程度。中国的经济正在快速发展，但区域协调度不高，原因就在于经济和资源在空间上的非均衡性使区域间的差距不断扩大。同时，中国行政体制的特殊性导致行政区各自为政，都力

表 1-1　国内外主要城市群结构对比

城市群	人口总数（万人）（占总人口百分比）	区域面积（平方千米）（占总面积百分比）	城市构成
波士顿—华盛顿城市群	6500（21%）	138493（1.73%）	纽约、费城、波士顿、华盛顿、巴尔的摩等
伦敦城市群	3650（57%）	45800（21%）	大伦敦区、伯明翰、利物浦、曼彻斯特、谢菲尔德、威斯敏斯特等
巴黎城市群	4600（48%）	145012（24%）	巴黎、阿姆斯特丹、鹿特丹、海牙、布鲁塞尔、安特卫普、科隆
太平洋沿岸城市群	7000（58%）	100400（26%）	东京、横滨、川崎、名古屋、京都、大阪、神户

求在本区域内实现第一、第二、第三产业的全面发展，而缺少区域间的合作和优势互补，从而导致区域发展同质化严重，经济水平低下，缺乏竞争力。

以京津冀城市群产业发展为例，从 2014 年起，在国家层面提出多项举措旨在实现京津冀协同发展，但京津和河北之间仍然存在断崖式落差。2021 年，北京市人均 GDP 是河北省的 2.9 倍，天津市人均 GDP 是河北省的 2.5 倍，河北省人均 GDP 比全国人均 GDP 低 25%（北京市统计局，2021；河北省统计局，2021；天津市统计局，2021）。另外，京津冀各区域以发展本区域经济为主，跨区域间的竞争大于合作。北京市、天津市、河北省都有明确的功能定位，例如，北京市是科技中心、政治中心，但为了发展经济，仍有一部分工业分布在北京市；天津市是高端制造业中心，与河北省的制造业存在很大的同质性，但区域间缺少合作，导致经济发展水平都不高。

面对城市群发展的困境，如何充分挖掘城市群内部不同节点城市的功能，突出节点城市在空间中的传输和辐射效应，并带动区域协同发展，成为当前城市群发展的主要方向。

三、新时期城市发展的理论视角亟须转变

传统的城市发展理论主要是对城市空间进行静态的描述（王士君等，2019），最早可追溯到霍华德的田园城市理论（Berry，1988）。田园城市通过地租改革对城市进行改革和管理，促使城市规模不断扩大。随着城市规模的不断扩大，以经济为核心的产业布局不断对城市的空间格局产生影响，形成了以德国地理学家克里斯塔勒的中心地理论为主的城市发展理论，这在很长一段时间内指导着城市空间格局的发展。中心地理论是阐述区域内不同等级的中心城市在空间上

的分布及其相对规模的理论，基于城市在区域交通网络上的重要性确定中心城市的等级及其辐射范围，是研究城市群的重要理论之一。中心地理论的基础是借助区域交通网络的通达性评价城市与其他城市间的联通性，从而识别城市在区域中的重要程度（Li，2012）。中心地理论仅从连通性方面划分城市等级，在复杂的区域发展中具有一定的局限性。1966年，美国地理学家弗里德曼通过分析区域空间演变模式，提出了核心—边缘理论。核心—边缘理论主要借助物流在中心城市与边缘城市间的联系，从功能分工角度对区域发展的相互作用进行了分析，其局限性在于只考虑了区域内部城市间的相互作用，没有考虑区域间的相互作用（McDonald，2007）。

在互联网时代，城市间的联系不仅仅局限于地理空间，更多的是地理空间与网络共同作用，形成一个动态的网络空间。在信息网络的作用下，不相邻城市间可通过交通路网和互联网产生联系。如分布在不同城市间的企业在资金上的流动加强了城市间的联系度，基于互联网查询不同城市的相关信息，可形成城市间的信息流。1989年，Manuel Castells首次提出了流空间理论，重点强调节点城市在整体网络空间中的重要性，为快速城市化、经济全球化、产业信息化交互作用下的区域网络结构研究提供了理论支撑。Camagni和Capello（2004）认为，应从流空间视角分析城市间的动态变化，从而构建城市网络空间结构，揭示城市在区域发展中扮演的角色和具有的特征。

流空间是基于互联网形成的虚拟空间，将虚拟的流要素与实体的地理空间相结合，可以从新的视角揭示城市间的关系，对突出节点城市在空间网络中的效应有重要意义。因此，有必要将虚拟的流空间与真实的地理空间相结合，以城市群为载体，基于流要素在地理空间上的流动形成的集聚特征，揭示实体节点城市在空间结构中的作用，构建城市群的网络空间结构，解决网络空间结构不稳定性和区域协同性。

第二节　研究目标与范围

一、研究目标

城市规模的不断扩大造成了资源的过度集中，形成的规模效应在一定程度上提高了城市生产效率，与此同时，也引发了一系列城市问题，即所谓的"城市病"，如交通拥堵、环境恶化、土地短缺、资源分布不均、贫富差距扩大等，制约了城市的可持续发展。流空间作为一种新的空间形态，克服了空间距离对城市间联系的影响，可加强区域间的联系，由此形成的网络结构将成为促进区域协同发展的重要途径。京津冀城市群是我国最具发展活力的区域和增长板块之一，在我国发展格局中的地位举足轻重，但在城市群内部也面临着资源配置不均衡、人口过度集聚在京津两个中心城市、区域内各城市间经济发展水平差距大等问题。如何实现区域协同发展成为京津冀城市群亟待解决的现实问题。

本书拟解决的核心问题是：如何发挥网络结构促进京津冀城市群实现协同发展。具体来看，要解决的问题包括：京津冀城市群的空间格局现状如何；不同流要素下京津冀城市群网络结构的特征如何；影响网络结构形成的因素有哪些，网络结构的综合效应如何；如何通过网络结构与协同发展的关系寻找实现区域协同发展的发展路径，为解决京津冀城市群区域协同发展提供建议。

二、研究范围

尽管当前的研究更多地强调多学科交叉融合，但多学科交叉研究并不能包含现实中的全部影响因素。一项研究涉及的内容是多元化的，确定研究对象和研究重点将决定其研究内容和范围（刘激光、陶红军，2011）。流空间是信息时代一种新的空间形态，研究流空间下城市群的网络结构，不仅能体现出传统地理空间下城市的网络结构特征，也能深入挖掘信息网络对城市群网络结构的影响。流空间视角下的城市群网络结构不仅涉及城市群中各城市节点的经济方面，还包括生态、社会、政治等方面，但本书的研究重点是流空间视角下城市群的网络结构对城市群的可持续发展的影响，为了突出重点，本书对某些因素涉及较少，具体的研究范围包括以下内容：

（1）本书的研究重点主要集中在城市群的网络结构，研究角度是通过将流空间与传统地理空间相结合，来评价城市群的结构稳定性及城市群的可持续发展性。

（2）采用实证型研究方法，以京津冀城市群为研究对象，对城市群在流空间作用影响下形成的网络结构特征、稳定性进行研究，关注城市群网络结构的内在机制及其形成机理。

第三节 研究意义

城市群是区域在城市化进程中的主要表现形式，如何在城市群域内实现区域协同发展，涉及社会、经济、生态等多个方面，是地理学、社会学、区域经济学等多学科交叉的复杂系统。网络结构是区域协同发展的基础，无论是网络结构的理论研究，还是针对京津冀城市群的实证分析，对拓展区域空间结构内涵、区域协同发展及制定相关决策都具有理论意义和现实意义。

首先，研究流空间下的城市网络结构，将有助于丰富城市空间理论，为区域协同发展的实践提供理论指导。城市空间理论包括地理空间和网络空间，学者已开展的研究涉及要素在空间结构上的集聚、地理空间结构的网络化演变等方面。在信息时代出现的流空间是一种新的空间形式，流空间赋予了地理空间新的内涵，对这种新空间的研究主要集中在实证研究方面，尚未形成系统的空间理论体系，因此，本书的研究将进一步丰富城市空间理论。

其次，在全球化和信息化过程中，流要素（人流、物流、交通流、信息流、资金流）在中国城市间的流动强度和广度深刻影响着城市组织架构。同时，流要素在城市间的流动和累积决定了节点城市在网络结构中的等级，影响其辐射效应和集聚效应，对揭示节点城市发展的内生动力有重要意义。因此，推进传统地理空间与流空间的结合，能更有效地揭示节点城市在空间组织架构中承担的功能，进而有针对性地进行资源配置和整合，加强城市间的联系，为促进区域发展提供科学指导。

最后，对于京津冀城市群来说，其资源配置不均衡，城市间的联系受空间距离制约较大，区域发展水平差距越来越大。流空间在一定程度上克服了空间距离对城市联系的影响，研究如何从流空间视阈构建京津冀网络结构，挖掘节点城市的不同功能，进而加强城市间的联系，缩小区域发展水平差距，可为实现区域协同发展提供参考建议。进一步地，总结网络空间结构模式和运行机制，对京津冀城市群的网络结构研究对其他城市群的发展也具有借鉴意义。

第四节　研究内容与研究方法

一、研究内容

1. 构建地理空间到流空间下的城市群网络空间结构特征指标

将国内四个城市群（京津冀城市群、长三角城市群、成渝城市群、中原城市群）作为研究对象，从产业格局的演化过程分析城市群网络空间结构的特征及存在的问题。引入流空间理论，探讨流空间与地理空间相结合的必要性，分析城市群网络空间结构的测度模型和指标。

2. 流空间视阈下京津冀城市群网络空间结构的形态

基于流空间视阈下城市群网络空间结构的测度模型和指标，利用多元流数据（资金流、信息流、人流）分析京津冀城市群网络空间结构的个体特征、整体特征和层级结构特征，从节点、网络、聚类角度系统分析京津冀城市群网络空间结构。

3. 流空间视阈下城市群网络空间结构的形成模式

结合城市群网络空间结构的特征，从不同流要素视阈出发，解析不同流要素视阈下城市群网络空间结构的不同节点间的相互作用规律，探索具有普适性的城市群空间结构发展模式，以此分析不同发展水平的城市群空间结构现状，为解决不同区位、不同发展水平下的城市群协同发展提供思路。

4. 流空间视阈下城市群网络空间结构与区域协同效应

将流空间视阈下京津冀城市群网络空间结构划分为社会、经济、生态三个子系统，建立城市群协同发展评价指标体系，采用统计年鉴、气象统计数据、社会发展公报等数据，对京津冀城市群网络空间结构下的综合得分和协同发展进行耦合性分析，探讨城市群网络空间结构对社会、经济、生态变化的耦合关系。

5. 流空间视阈下京津冀城市群协同发展的影响因素及路径识别

针对京津冀城市群网络空间结构形成的特征指标，探究影响京津冀城市群网络空间结构形成的因素，分析网络空间结构与区域协同发展间的路径选择。

二、研究方法

1. 空间分析法

空间分析法是在城市空间分布格局的基础上进行区域的网络密度、通达性及相互作用关系等特征的分析方法。其中，空间相互作用是促使区域各部分形成具有一定功能和结构的内在联系，通过空间相互作用模型将区域内部复杂的联系以定量形式表现出来。本书基于人流、资金流和信息流数据，借助 Arcgis 10.3 软件，应用空间分析法建立城市网络空间组织架构，并对其空间特征进行定量分析。

2. 图论法

图论法是以节点为最小单元，由多个节点及连接节点的线共同形成的图形。本书中的节点主要由城市构成，节点间的连线由交通路网及流线构成。基于图论法可实现区域间相互作用的模型化，是流空间视角下城市群网络结构模型的理论基础。具体包括路径问题、通达性问题、网络流域匹配性等问题。

3. 主成分分析法

主成分分析（Principal Component Analysis，PCA）是将多个存在相互关系的指标转换为不具有相关性的指标的分析方法，以此减少人的主观意志对结果的影响，保证评价结果的准确性和客观性。本书利用 SPSS 22.0 软件，通过主成分分析法对京津冀城市群网络结构稳定性指标数据进行分析，得到京津冀城市群构成城市空间结构各因素的得分。

4. 耦合协调度分析法

耦合是从物理学中延伸出来的概念，主要指两个及两个以上的要素在相互作用中通过互相影响达到协同的过程。耦合协同度越高，说明要素间的联系度越强，整体系统能实现较高的效益（王搏，2014）。本书借鉴耦合协调度指标构建了城市群网络空间与区域协同发展的耦合协调模型，测算了京津冀城市群各节点城市耦合协调度的得分和排名情况。

第五节　研究框架与技术路线

本书采用"从一般到特殊"的演化思路，以城市群为基础，选取具有代表性的京津冀城市群空间结构为研究对象，综合运用城市地理学、经济地理学、统计学等多学科交叉方法，通过将实地调研、现状分析、模型分析相结合，从流空间视角对京津冀城市群网络空间结构进行理论和实证研究，最终总结出具有普遍性的规律和模式，技术路线如图 1-1 所示。

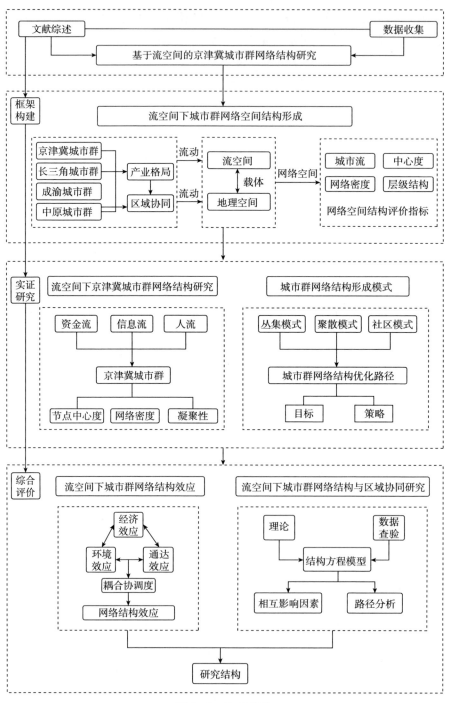

图 1-1 技术路线

首先，总体分析中国四大城市群（长三角城市群、京津冀城市群、中原城市群、成渝城市群）的产业空间格局演化过程，从发展度、协同度分析传统地理空间结构对城市群协同发展的作用。基于此，引入流空间的测度模型和特征评价指标。

　　其次，测度京津冀城市群的网络结构指标，分析京津冀城市群网络结构的形成模式，探究网络结构与区域协同发展的关系，并找出网络结构促进区域协同发展的路径。

　　再次，评价城市群网络空间结构的综合效应，并对经济效应、环境效应和通达性效应进行耦合性分析。

　　最后，分析流空间视阈下的京津冀城市群网络结构与区域协同发展的影响因素，探究通过网络结构促进区域协同发展的路径。

第二章 国内外相关研究评述

对城市网络结构的研究是随着流空间理念和区域协同发展逐渐深入的。综合来看，国内外的相关研究主要包括以下四个方面：一是流空间的基本概念和地理空间的基本概念；二是城市网络结构的相关理论基础；三是网络结构的影响因素研究；四是城市网络结构效应研究。

第一节 基本概念

一、流空间的基本概念

（一）流空间的概念

社会是基于要素流动形成的。在早期的研究中，受数据获取难度的影响，学者在研究区域间联系的过程中，从时间序列和空间序列角度，基于要素在区域上的累积量及变化量表征区域间的联系度。但是，要素在区域间的流动从未终止。随着信息技术的发展，要素在节点间的传输媒介由实体的路网转向非实体的网络，形成了新的空间形态，即流空间。

流空间的概念最早是由 Castells（1989）在《信息化城市》中提出的，他认为，流动指的是要素在空间节点间有向的、反复的交换。流空间就是要素通过流动形成的一种具有共享时间的物质组织。之后，Castells（1996）在《网络社会的崛起》一书中进一步完善了流空间的概念，将流空间从单纯的虚拟技术空间扩展到地理空间和社会网络尺度，认为流空间是在信息技术时代，通过为信息、技术、资金的流动提供载体所形成的一种组织形式（夏铸九，2006）。他从流动性和支配性两个角度对流空间的概念进行了说明，在流动性方面，主要是指社会行为主体在物理空间上以信息等媒介进行有目的的、重复性的交换；在支配性方面，主要是指在区域内部促进区域发展的制度和组织。

Castells（1996）认为，流空间的概念包括三个方面：①流空间由中心和节点组成。在网络结构中，影响网络结构稳定性的主要因素集中在节点所发挥的作用上，一般来说，节点往往承载着网络中比较关键的活动。节点通常可以是城市、学校等。中心是整个网络中最核心的区域，网络中的所有节点都与中心有密切的联系。中心和节点通过网络实现联系，其行为逻辑和二者在网络中所处的功能及位置有关，处于不同位置的节点承担的功能不同，通过网络中的整体联系度不断加强不同节点间的相互作用。②借助网络媒介形成物质支持。在信息时代，城市间的联系不再局限于交通网实现，许多活动和联系都可以通过网络产生，如节点间的资金交易、公司间的决策实施等。借助网络媒介节点间的联系得到强化。③主导要素形成空间组织架构。流空间是基于互动的网络形成的，在这个网络中，其目标和要实现的功能形成了不同的流空间。所以，不同的目标都可以形成特定的网络，这些网络是由特定的要素形成的空间组织架构。例如，金融市场、科学技术等不同目标的网络可以基于流空间的逻辑实现不同节点间的联系，且具有特殊的属性。

Castells（1996）认为，流空间视角是一种新的思维方式，这是对地理学第一定律的一种挑战，基于信息网络的流不仅是形成社会组织的要素之一，而且是影响人们社会经济活动的因素之一，如基于信息网络，在不同节点间流动的信息、资金、技术被学者称为信息流、资金流、交通流的要素加强了节点间的联系，所以被赋予了有别于传统场空间的新意义。第一，流空间弱化了空间距离对节点城市间联系的影响力度，对空间的理解提出了一种新的思维方式，这是对地理学第一定律的一种挑战。第二，传统的场空间更多地强调区域的资源禀赋和节点在交通网络中的中心性，而流空间更重要的是研究区域的网络结构、流动性。第三，流空间包括交通流、信息流、资金流等要素，基于这些要素可以加快形成区域中新的地理区位，减小传统地理空间中对基础设施的依赖程度。

Castells（1989）提出的流空间概念为学者研究地理空间提供了新的思路，但由于获取流数据的难度较大，未能实现深入研究。真正将流空间的概念应用于城市网络研究的是 GaWC（Globalization and World Cities Study Group and Network）小组，该小组基于获取的高端生产线服务业（APS）总部和分部之间联系的相关数据，研究了知识密集型产业在全球的运作机制及流动特点，测度了知识密集型产业在全球不同区域间基于信息流的联系强度。基于英国 Young 基金会，由欧洲八所著名大学的专家学者组成 Polynet 团队，利用流空间理论，对英格兰周边的八大巨型城市区间的联系度进行了分析，希望通过流空间理论找出巨型城市实际的中心，为欧洲城市区域的发展提供科学建议（Timberlake，2008）。

此后，许多国外学者从不同角度对流空间的概念进行了深化。Himanen（2001）在《黑客伦理与信息时代精神》一书中指出，流空间借助网络和路网将空间上不相邻的空间联系起来，改变了物理空间距离对区域联系影响的逻辑经验。Stalder（2001）认为，流空间是信息技术时代形成的新的空间形式，区域间的联系表现出有向动态运动，促使远距离的城市在要素、人和事物方面实现互动，这种全新的空间形式将促进大尺度范围内节点间的互联互通。Zook（2003）认为，流空间基于物理上真实存在的媒介（路网）使具有不同功能的、在地理空间上不相邻的区域得以产生联系，打破了人们对传统地理空间联系的认识。Zook（2003）从互联网的角度分析了电子商务在不同区域间的流通途径。Appadurai（2008）将流空间划分为五种类型：技术、意识、媒体、民族、金融。Perrotti 和 Iuorio（2019）、Spiridonov（2019）重点分析了流空间的组织架构和作用机理。

国内学者也对流空间的概念进行了深化。孙中伟和路紫（2005）认为，流空间是传统的地理空间在信息技术作用下的表现形式，促进了地理空间上的要素由静态向动态的转变。郑可佳和马荣军（2009）在 Castells（1996）流空间理论的基础上从城市属性、空间关联、城市构成要素三个方面探讨了城市区域发展从流空间视角进行分析的必要性。沈丽珍等（2012）提出流空间应由流空间下的主体、流动的过程、流动借助的媒介、流空间的典型空间四大要素构成。高鑫等（2012）认为，流空间是不同流要素在信息流引导下形成的空间，并在此基础上概括了适应中国国情的流空间的实现途径。董超等（2014）在流空间概念的基础上提出了交互性网络空间的概念，认为信息流在区域的网络结构中具有重要的带动作用。牛俊伟（2014）认为，流空间是对传统的物理空间在研究方法、理论基础及逻辑转变等方面的革新。

通过梳理国内外学者关于流空间的概念，本书认为，可以从以下四个方面认识流空间：①流空间是由要素的流动形成的，包括实体流（人流、物流和交通流）和非实体流（资金流、技术流和信息流）；②流空间中的要素流动具有累积性和有向性，不同流要素在节点间的流动方向和集聚性不同；③流空间的形成是以虚拟的网络（互联网、电子通信等）和实体的路网为媒介实现节点间的要素流动；④流空间是由节点和流线组成的基本的组织架构。

互联网技术弱化了物理距离对区域间联系度的影响，使不相连的区域产业组成了城市群的产业网络架构，可为城市群发展提供动力。人是社会的基本组成元素，不同区域间人与人的交流将与区域发展的社会和产业联结，使不同城市在信息的作用下形成一个完整的网络空间结构。场空间是城市化进程下的物理形态，而流空间是城市化进程下表示区域联系的虚拟形态，是信息化背景下城市群发展的主要表现形式。

据此，本书认为，从流空间视角研究城市空间结构具有以下三个方面的优势：

1. 空间范围扩大

传统的场空间强调空间距离上具有邻近性的区域间的关联，受行政区划和空间距离的约束，空间范围较小；流空间强调通过流要素分析各区域间的关系，有效地打破了物理空间距离的束缚，加强了跨区域、不相连区域间的联系，扩大了空间范围。

2. 技术手段创新

使用大数据研究各区域间的联系是流空间的主要标志，通过及时更新的、大样本量的数据充分反映区域间真实的关联性，通过定量方式体现出各区域在整体结构中的功能定位和作用，才能实现科学、高效的区域发展。

3. 以协同发展为目标

流空间为区域发展的各要素提供了一个新的空间载体，与传统的场空间不同，研究邻近区域关联度只是其发展目标的一部分，更重要的是要对整个研究范围内的各不相邻的区域间的关联性进行定量分析，在明确各节点城市在整体结构中所处的等级及发挥的作用的基础上，对整体区域的协调、可持续发展提出合理的建议。

综合前人的研究，本书认为，流空间是指流要素（人流、物流、交通流、信息流、资金流）以互联网或交通路网为支撑，在节点间形成有向性的流动，并在节点上形成集聚与扩散，进而建立起来的一种空间组织形式。流空间实现了非邻近节点间的联系，克服了空间距离对节点联系度的影响，对挖掘节点在区域中的重要性有重要意义。

（二）流空间的组成

流空间主要由节点和流线构成。

节点是构成流空间的基本单元，本书将流要素在网络中的起讫点称为节点。

节点是在空间上功能最重要、经济最集中和活跃的地方，一般以城市为主。根据城市行政等级、功能定位、规模大小的不同，节点也具有规模、等级、层次和功能上的差异。一般来说，节点的等级越高，规模越大，数量越少；相反，节点的等级越低，规模越小，则数量越多。

节点城市的等级是动态变化的。当节点城市的集聚和扩散效应增强时，节点城市的作用半径扩大，节点城市的各种流要素的流入和流出频率与强度将增强；反之，当节点城市的集聚和扩散效应减弱时，节点城市的影响半径收缩，节点间的联系度将减弱。当节点城市的集聚和扩散效应持续增强时，节点的经济要素将吸引新的节点；当节点城市的集聚和扩散效应持续减弱时，节点的经济要素将被新的节点吸引，可能出现节点城市被取代的现象，造成节点在空间结构中的位移现象。

流空间中的节点之间的距离包括物理距离和关系距离（邱坚坚等，2019）。物理距离指节点城市间基于路网连接形成的实际距离，关系距离是节点间借助互联网实现要素流动的虚拟距离。一般而言，节点城市的物理距离越近，节点城市间的关联度越强，遵循核心—边缘规律。流空间下节点城市的关系距离与节点城市间要素流动的方向和强度有关，流动强度越高，节点城市间的关系越紧密。

流线是指流要素在节点城市间流动而形成的线。根据流要素是否需要实体支持，可将流线分为交通流线和网络流线两类。交通流线是支持实体流动的线，在空间上具有确定的路网，主要包括航空网、公路铁路网、轨道交通网等。不同的交通网具有不同的特征，都能反映节点城市的层级和定位。如层级高的节点城市，对人口的集聚效应强，节点城市流入和流出的交通量较大，其周围的航空网、公路铁路网的密度就大；相反，功能较低的次级节点城市周围的交通路网密度就较低。网络流线是指不支持实体流动的线，主要基于互联网技术等虚拟的网络形成的流线，主要包括信息流、交通流等。在信息技术的支持下，节点间信息资源的可达性成为形成网络流线的基础。

实体支持的交通流线和非实体支持的网络流线的相互作用形成了信息技术背景下城市网络空间结构的骨架。交通流线和网络流线通过具体路网布局和信息技术的结合形成了区域的地域分布体系，通过虚实结合的流线将各节点联结，加强了流空间与场空间的联系，从而形成了复杂的网络空间结构体系。

（三）流要素及其相互关系

流要素主要包括信息流、资金流、交通流、人流、物流五类。

信息流主要分为广义信息流和狭义信息流两种。广义信息流是指具有相同信息源和信息接收者的全部信息在时间和空间上沿着相同的方向流动所形成的集合。狭义信息流是指基于现代技术和设备下的信息按一定的规则通过相应的渠道实现信息传递的流动方式。根据信息流的表现方式可将其分为有形信息流和无形信息流，其载体可相应分为有形载体和无形载体，前者主要以传统信息传播载体为主，如报纸、图书等；后者主要以新技术设备为主，如"大数据"平台、手机信令、百度指数、通信信号等。

资金流是指在供应链成员间随着商品等业务活动发生改变而产生的资金流动，资金流是反映不同区域间在经济方面联系紧密度的重要指标之一。资金流主要通过金融机构、经费规划、智慧支付等手段实现。

交通流是指不同交通方式在交通路网中的交通流量、流速、密度等指标的流动，主要包括物流、人流在城市间的流动。交通流有效地反映了城市间的交通可达性、城市的关联度和城市的相互作用强度，承载交通流的主要载体包括铁路、公路、航空等。

人流是指人口在不同城市间的流动。影响人流的因素较多，包括工作、移居、就医、旅游等。承载人流的载体包括就业服务、基础服务、交通工具等。

物流是指物品在不同城市间的流动。物流的种类繁多，包括供水、供电、能源运输、快递等，基于不同的交通方式实现，可分为水运、陆运、空运等。物流也可以反映城市间的联系紧密度，承载物流的载体与交通方式有关，如铁路、航空、地下管网等。

企业流空间是在流空间的基础上衍生出来的一种概念，企业是以谋利为目的的经济组织，企业间存在大量的技术流动、资金流动等，这些要素在企业间的流动将形成企业流空间。本书以企业为载体，通过研究企业间的资金流动来探究节点城市间在资金上的联系紧密度。

信息流和交通流直接影响企业在空间上的集聚与扩散，重构了空间组织架构，进而影响区域经济发展。例如，跨国公司通过资金流、信息流和交通流实现区域间的联系，直接影响了区域经济发展。信息流、技术流、交通流等各种流要素在区域间的作用改变了传统场空间下区域间的空间、时间和距离的定义，流空间的出现是信息社会下新的空间形式，为研究区域发展提供了新视角。

从流要素的相互作用来看，信息流、资金流、交通流、人流、物流都能反映城市间的联系紧密度。其中，信息流是城市间联系的手段，信息通过有形和无形、虚拟和现实的结合促进资金在城市间的流动，从而带动城市间物流的发展；人流是加强城市间联通的桥梁，通过人口集聚和扩散，促进城市间的资金流动，同时带动和促进物流的发展；交通流是城市间联系的基础，承载着人流、物流、信息流、资金流的发展，没有交通流的支撑，城市间的人流和物流难以实现，因此对于人流和物流而言，交通流是基础。城市群是由多个城市组成的圈层结构，城市间的联系涉及信息流、资金流、交通流、人流和物流的综合作用，通过分析城市间各流要素的流向和数量，可以更切合实际地反映城市间的紧密度，从而准确地突出各节点城市的价值（见图2-1）。

图2-1　流要素间相互作用关系

资料来源：沈丽珍（2010）。

二、地理空间的基本概念

地理空间是一种现实存在的物理空间，广义的地理空间指由岩石圈、土壤圈、水圈、生物圈、大气圈共同构成的相互作用的区域。地理空间中具有复杂的空间主体或现象，如山川、土地类型、城市分布、交通路网、环境演变等。根据地理主体的特征，可将地理主体抽象成点、线、面三种类型。狭义的地理空间是指与人类活动相关的空间。城市地理空间结构是指以城市为研究对象，由人口集聚、交通路网、产业格局、区域功能、环境演化等共同作用形成的空间结构。

学者对城市地理空间的理论进行了系统研究（见表2-1），从最早的霍华德提出的"田园城市"理论到克里斯塔勒提出的"中心地理论"、弗郎索瓦·佩鲁提出的"区域增长极"理论、萨伦巴和马利士提出的"点—轴扩散"理论、杜能提出的"圈层结构"理论都对区域空间结构的分布规律进行了深化，提出了适应城市发展的优化路径。综合分析可知，学者对城市地理空间理论的相关研究，都与地理空间的距离密切相关，区域空间结构的等级和分布受地理空间邻近性影响较大。在信息时代，基于互联网的区域内部联系不再局限于物理空间上的邻近，节点城市间可实现跨区域间的联系。如何挖掘跨区域节点城市间的联系紧密度，凸显节点城市在区域空间中承担的作用，促进区域结构功能的高效发展，成为新时代背景下城市空间结构研究需要考虑的重点。

表 2-1　地理空间概念梳理

概念	定义	评价	文献来源
地理空间	中心城市人口 10 万以上及其周围 16 千米以内的地区有社会经济联系	仅注重人口和距离范围，因此称为都市区	张攀（2008）
	中心城市人口 10 万以上及周边日常生活区（本地 15% 以上的人在中心城市上班、上学的市镇村）	侧重周边区域人口与中心城市的联系	王德（2002）
	突破行政区划与外围化地区形成紧密联系的一体化经济区	突破行政边界约束的经济一体化区域	复旦发展研究院课题组（1993）
	中心城市与周围区域形成具有圈层结构形态的一体化经济区	侧重空间上的圈层结构	王兴平（2002）
	中心城市与周围区域基于交通通信网络形成的具有流特征的圈层式一体化经济区	强调城市区域间以"流"为介质形成的圈层一体化区域	高汝熹和罗守贵（2007）
	城市群内部以超大城市、特大城市或辐射带动功能强的大城市为中心，以 1 小时通勤圈为基本范围的城镇化空间形态	侧重中心城市的带动作用及通勤时间	国家发展和改革委员会（2019）

三、相关概念辨析

（一）流空间与地理空间

地理空间是以中心城市为核心，借助交通基础设施实现城市间要素的流动，形成的城市间的联系。由于地理空间是以交通路网为媒介，因此城市间的联系受距离因素的影响较大，普遍遵循核心—边缘分布规律，即距离中心城市越近，城市间的联系越强，随着距离的增加，城市间的联系逐渐减弱。地理空间更多地强调城市等级性，城市等级越高，城市间的联系越紧密。流空间与地理空间不同，是信息技术快速发展背景下出现的一种动态的空间形态。流空间是由节点和流线组成的，强调要素在节点间的有向性流动和积累，在空间上以网络化为主要形态，在很大程度上克服了距离对节点间联系度的影响，借助信息网络技术，形成依附于实体空间的流动空间组织架构，如表2-2所示。

表2-2　地理空间与流空间的对比

	地理空间	流空间
主体	中心	节点
媒介	交通路网、通信设施	信息网络、通信设施
体系结构	核心—边缘	网络化
主导因素	距离	时间
主导状态	静止	流动
联系	等级、垂直	网络、双向
场所感	明确的场所感	没有特定场所，依附于实体空间
成本	运输成本	信息成本

流空间与地理空间具有相互作用关系：其一，具有协同作用，流空间并不能完全取代地理空间，流空间与地理空间相互作用共同影响区域空间组织架构，二者相互依存，共同发展；其二，具有补充作用，信息技术克服了不相邻节点间联系度受距离制约的弊端，反映了远距离节点间的实际联系程度；其三，具有增强作用，主要是信息技术改善了仅依托交通路网测度节点间联系度的效率。

传统的区位论基于最优价格曲线确定城市空间布局，"流"为研究城市空间结构提供了新的视角，信息技术的发展增加了城市间联系的便利性，改变了传统的区位选择方式。流空间理论赋予了区位论新的内涵，为研究城市区位功能结构提供了新的选择。

城市群是信息技术背景下城市发展的主要形态，区域内各部分处于既相对独立，又相互联系的状态，这些区域随着社会经济、人口资源等的发展处于动态发展的开放系统中。城市群的内部区域间随着人口流动、资金流动、资源配置等变化，形成了联系各区域的流要素，而流空间为定量分析流要素在各城市间的关联度提供了较好的空间载体。因此，从流空间视角分析区域内各城市间的联系具有重要的意义。

（二）流空间与网络空间

从本质来看，流空间和网络空间都是经过各种流要素整合而成的，基于信息通信领域技术（Information and Communications Technology，ICT）形成的网络空间可以实现全球范围内各区域间信息的有效流动（艾少伟、苗长虹，2010）；从目标来看，流空间和网络空间都是通过消除物理空间障碍加强大尺度下区域间的联系。但是，二者又有明显的差异性，流空间理论强调通过流要素实现空间联动，流动性显著；网络空间则强调地理空间和网络空间的有机融合，属于"组合式空间"（见图 2-2）（郑玥等，2011；孙中伟、路紫，2005）。

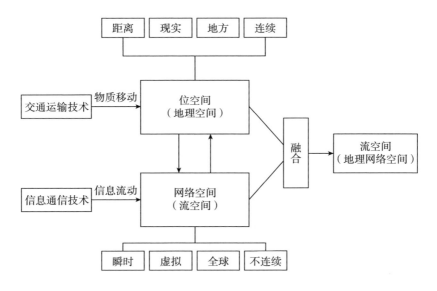

图 2-2　流空间与地理空间的关系

在信息时代背景下，学术界认为将流空间与网络空间融合，在地理网络空间的基础上，应用流空间理论分析大尺度下城市间的相互关系，对实现跨区域功能互补、协同发展具有更科学的指导意义（王启轩等，2018；董琦、甄峰，2013；魏冶等，2016）。

（三）流空间视角下研究城市群网络结构的意义

1. 通过流空间视角可更好地凸显城市群发展的原生动力

原生动力是驱动系统发展的内在力量，表现为系统的聚集力。对于一般城市发展而言，其原生动力的形成是基于城市对各类资源、生产要素、人口的集聚和优化促使城市内各功能的不断完善和城市的可持续发展而形成的。随着城市规模的扩大和创新能力的提升，城市群内部各区域间的合作和联系不断加强，不同区域间的要素流动加大了城市间的辐射效应和集聚效应，从而揭示出城市群发展的主要驱动力，对完善城市群发展具有重要意义。

2. 流空间能促进城市网络空间架构的完善

城市化推动城市空间范围不断扩大，实现了由县—城市—城市群（点—线—面）的转变。随着城市规模的扩大，点对点、面对面的二维结构已经不能适应城市发展的需求，网络空间结构形态将成为未来城市群走向成熟的标志。在网络空间架构下的城市群内各城市间的联系将不断加强，主要表现为城市群内不同等级节点城市的集聚作用（向心力）和辐射作用（离心力）两方面。不同节点城市间的联系则通过流要素（人流、物流、信息流、资金流、交通流）表现。通过对城市群内不同节点间的流分析确定节点的集聚和辐射效应，进而划分等级，对完善城市群网络空间架构具有指导意义。

第二节　网络结构相关基础理论

对于区域地理经济关系的研究，整体上可分为传统理论与现代理论前后两个研究阶段。传统理论主要针对地理地形地貌的物理空间，探究的是人地关系，主要有中心地理论、区域增长极理论、点—轴扩散理论、圈层结构理论等；随着科学技术信息化的发展，尤其是互联网的现实应用，人地关系之间的流量增多，流量在节点城市间的流动和累积形成了流空间，现代的流空间理论逐渐形成并不断完善。

一、中心地理论

1933 年，克里斯塔勒在《德国南部中心地原理》中首次提出了中心地原理，他在杜能和韦伯区位论的基础上，基于德国南部城市电话线路的数量识别城市的重要性，同时对区域政策、空间距离、市场环境等多种因素进行综合分析发现，城市在空间上具有中心—边缘的等级体系分布规律，相同等级的中心地与次级中心地构成六边形结构，整体来看中心地与次级中心地呈相互嵌套关系。在整个区域网络中，高级中心地数量少、服务种类多、服务辐射范围较大；低级中心地数量多、服务种类较少、服务覆盖范围较小。研究不同等级中心地间的空间结构和相互联系是中心地理论的主要方向。城市中心地等级的划分由其所具有的功能定位、资源集聚度、辐射能力等因素决定，中心地的不同等级决定了中心地的数量、辐射范围，高级别中心地与其周围附属的中级中心地、低级中心地共同构成了中心地系统（Berliant，2005）。中心地理论的核心观点是通过确立城市等级在区域内构建一个具有合理城市等级体系的空间组织架构。

二、区域增长极理论

区域增长极理论最早是由法国经济学家 François Perroux（1970）提出的，他认为区域经济的发展首先是创新行业在节点上的集聚形成增长极，其次依托增长极的辐射带动效应实现区域的全面发展。他将增长极理论与地理空间相结合，对地理空间上区域发展的机制进行了研究，提出了区域增长极理论。区域增长极理论解释了区域节点的发展水平，在区域空间结构研究中，利用区域增长极理论有助于识别节点城市的等级。

三、点—轴扩散理论

1984 年，波兰地理学家萨伦巴和马利士从节点和轴线的角度探究了城市在空间上的分布格局，并提出了区域分布的点—轴理论。点—轴理论深刻揭示了城市在空间上沿着交通线分布的空间格局特征。在此基础上，中国学者吴殿廷（2001）对生产力地域组织空间进行了深入研究，提出了新的点—轴扩散理论，其核心观点是：集聚在点上的社会客体通过路网等基础设施的连接最终形成了一个彼此联系的空间结构体系。点—轴扩散理论考虑了区域发展差异带来的区域不协调问题，其通过对点—轴空间结构的形成模式、机理、演化过程等不同方面的研究不断对理论进行深化。本书的城市群网络空间结构，就是流要素在不同节点城市的集聚，以及通过现实的路网和虚拟的互联网，实现要素在不同节点城市间的流动和集聚，对分析城市群网络空间结构的模式具有指导意义。

四、优势理论

优势理论是最早研究要素流动的理论，以国际贸易过程中要素在国与国之间的流动揭示国际分工与合作。优势理论包括绝对优势理论和相对优势理论。

绝对优势理论是在 1776 年由英国经济学家亚当·斯密在《国富论》中提出的，他认为国际贸易的根源是国与国之间由于区位优势、资源禀赋、国际分工等条件不同，对同一种商品的生产效率、成本具有不同优势或劣势，当本国一种商品的生产效率、生产成本等都优于他国时，可以向他国进行商品出口；反之，当本国一种商品的生产效率、生产成本都劣于他国时，可向他国进行商品进口（Smith，2008）。各国根据绝对优势在国际上形成空间分工格局，国际贸易中的商品流动形成了国家之间的联系。

相对优势理论是 1817 年大卫·李嘉图在《政治经济学及赋税原理》中提出的，是对亚当·斯密的绝对优势理论进行的深化。他认为在国际贸易中，如果一国在两种商品的生产效率、生产成本等方面都具有优势，也应该选择二者中优势更大的商品进行出口；反之，如果一国在两种商品的生产效率、生产成本等方面都具有劣势，应该选择劣势更大的商品进行进口（Ricardo，2008）。

经济学中的要素一般指进行生产所需要的各种投入总和，即生产要素。生产要素的种类随着经济学的发展不断地更新，最早的生产要素主要指威廉·配第在《赋税论》中提及的劳动者和土地两种要素。随着经济的发展，资本的概念出现（Petty，2006），萨依在《政治经济学概论》中将生产要素扩充到劳动者、土地和资本三种要素（Say，2009）。工业革命以来，生产力得到了大幅度提升，技术成为提高生产力的重要因素，1890 年，马歇尔在《经济学原理》中指出，生产要素包括劳动者、土地、资本和技术四种要素（Marshall，1992）。20 世纪 50 年代以来，信息技术得到迅猛发展，生产要素扩展到五大类：劳动者、土地、资本、技术和信息。

五、流空间理论

流空间（Space of Flows）是一种新的空间组织形式，是 Castells（1996）提出的一种新概念。他认为，信息技术支持下的要素在空间上的流动和在地理空间上的集聚最终形成了流动社会，这种流动模式在整个区域空间的组织重构中扮演了重要角色。静态的地理空间必须与动态的地理空间相结合，才能充分地发挥区域组织架构的功能，提高区域功能分工和区域竞争力。因此，有必要将流空间与地理空间相结合，构建一种新的空间组织架构，为区域发展提供竞争力。

Castells（2010）对流空间下时间与空间的关系进行了深入研究，分析了经济、社会、文化的转变与时间之间的相互关系，尝试通过整合时间与空间形成新的时间逻辑。他认为，当时间距离和时间序列在信息技术介入后的网络结构中发生紊乱时，将形成一种新的时间逻辑——无时间的时间。作为流空间的一部分，无时间的时间在空间上促进了区隔化社会的形成，重塑了社会时间，而区域将受到时间的影响。

国内对流空间理论的研究主要集中在理论扩展和运用两个方面。在理论扩展方面，主要是针对国外学者关于流空间理论的核心观点进行全面解析和对比分析（唐佳等，2020），深入挖掘流空间理论的机理和对城市发展的意义。如毕硕本等（2018）从世界尺度分析了服务业在全球主要城市间的集聚现状，并基于信息流分析了世界城市间的联系，建立了基于服务业的全球城市网络空间结构。于涛方（2014）在研究全球城市竞争力过程中提出了流空间是基于全球城市形成的一种空间组织架构。此外，还有学者对流空间下要素的空间特征（吴康等，2013）、组织形式（吴康等，2015）和作用机制（邱坚坚等，2019；王垚等，2017）等方面进行了研究。

六、网络空间理论

网络空间是将相对独立的城市个体整合为具有完整结构的系统，通过点—轴—网络的演化，形成多元主体协同发展的网络化组织结构（Taylor，2010）。关于网络空间和信息技术对区域发展的研究主要包括技术论、社会论、行动者网络理论等方面（沈丽珍，2010）。

技术论是指信息技术是能促进社会形态发生改变的一种力量，在信息技术的影响下，社会处于一种被动接受改变的状态，信息技术在这种改变中起主导作用。学者认为，信息技术可以作为一种新的驱动力改变人们的生活空间，主要观点集中在两个方面：一是认为在信息技术的作用下，高度集聚的城市在空间"黏性"上的功能将减弱，由依托交通路网在空间上的集聚转向依托通信网络在空间分散，由此可以削弱空间距离对城市发展的约束力，向空间均衡方向分散发展（Smith，2008）。二是认为信息技术促进了虚拟空间的形成，通过媒体将远距离的区域进行联通，形成仿真地理空间（Lee and Hyun-Jae，2013）。

与技术论相反，社会论强调社会如何影响技术发展，通过研究空间结构改变过程中使用到的信息技术来定义信息技术对空间结构的影响（Stephen and Graham，2010）。社会论认为网络空间和地理空间是一种相互作用的空间关系，信息技术的革新并没有完全打破地理空间中时空的屏障，而是通过空间重构实现了要素在区域间的流动和合并，进而形成了网络结构。如跨国公司通过在全球布局形成国际劳动分工，进而加强国际区域间的联系（Castells，2010）。

行动者网络理论是 Bruno Latour 提出的社会学分析方法，他认为新技术和人、空间共同作用形成了行动者网络。经济学中的要素一般指进行生产所需要的各种投入的总和，即生产要素。随着经济学的不断发展，生产要素不断地被融入复杂的新时空中，在这种新时空中，人类作为行为主体，对新时空格局的重构具有重要意义。在新时空中，信息技术的影响力不断扩大，但并没有完全替代人类活动在其中承担的重要功能，也就是说，无论信息技术如何更新与发展，都需要有人的参与才能形成大尺度、跨区域的空间格局。因此，行动者理论是在技术、时间、空间和人的交互作用中形成的空间组织重构。

中心地理论主要从城市间的垂直等级关系角度强调城市在场空间的秩序，而城市网络空间理论侧重于不同城市间的水平关系及其在网络结构下的组织关系。从空间特征来看，中心地理论关注的是不同等级城市在空间上的向心性和集聚性，表现为城乡分离；城市网络空间理论注重网络空间架构，通过网络结构研究城市在空间上的离心性和分散性，表现为城乡整合。从组织架构来看，中心地理论更强调城市的中心性和首位度，而城市网络空间理论强调城市在网络架构中的节点性和灵活性。中心地理论是城市网络空间理论发展的基础，二者相互补充，共同揭示城市关系及空间格局特征，是研究区域协同发展的理论基础。

网络空间理论最早可追溯到 1700 年以前，在以自然经济为主导的社会中，城市空间布局以君权思想为核心，围绕君主居住地呈放射性空间分布（Alfred，1976）。随着工业革命的到来，城市化进程得到快速发展，城市规模不断扩大，人们开始注重对城市空间结构的重构，以实现工业化背景下利益的最大化（Qicheng，2014）。到 20 世纪，城市发展的重心从工业转向服务业，城市功能成为重构城市空间结构的主要考虑对象，希望通过不同功能区间的联系实现区域间的高效联系，促进区域整体快速发展（Helin and Elisabete，2015）。到信息化时代，有形空间与无形网络的结合加强了区域间的联系，城市空间结构的形成更注重以人为本。国外学者关于网络空间理论的研究主要集中在城市空间格局演化中（见表 2-3）。国内学者有的从城市景观生态学探究城市空间格局特征（何春阳等，2003；罗莹璐，2018），也有学者从交通网络入手，分析交通对城市空间格局形成的相互作用（黄建中等，2017）。在信息技术背景下，分析城市边缘区和城市内部各功能区间的相互关系，更能反映城市发展的真实性（李世峰，2010）。

表 2-3 网络空间理论演变

时间	历史背景	主要理论	文献
1700 年前	自然经济主导	注重城市形态，城市空间布局以君权思想为核心建设	Alfred（1976）
1700~1900 年	工业革命	注重城市空间结构的重构	Qicheng（2014）
1900~1950 年	工业革命中后期	强调城市功能	Tomko 和 Winter（2013）
1950~1990 年	工业化向信息化转型	强调"以人为本"的城市空间结构	Helin 和 Elisabete（2015）
1990~2020 年	信息化社会	强调网络空间化的城市结构	Ding 等（2018）

第三节 网络结构的影响因素研究

在网络结构的相关研究中，对网络结构的影响因素的研究取得了丰硕的成果。学者在城市网络结构发展现状的基础上，分析了网络结构形成的机理和驱动因素。通过梳理现有文献，可将影响因素划分为社会、经济和生态三个层面。社会层面的影响因素主要有人口、教育、医疗、基础设施等。人口指标主要包括人口数量、人口结构（刘晓峰等，2018）。教育指标主要包括各级学校数量、学生数、教师从业人数、辅导机构数量、科研院所数量、专利数等（张晓雪等，2015）。医疗指标主要包括医院数量、医生从业人数、床位数等（黄阳涛，2013）。基础设施指标主要包括人均绿地面积、人均公路里程等（张卫东和石大千，2015）。经济层面的影响因素主要有城市综合生产力、政府行为、市场行为等。城市综合生产力指标主要包括生产技术水平、交通技术水平和信息技术水平（Motohashi，2007；Sun et al.，2019；龙小宁、高翔，2014）。政府行为指标主要包括财政收入、城市 GDP 等（Xue，2013）。市场行为指标主要包括城镇从业人员数、非公有制从业人员数等（Mei，2019）。生态环境层面的指标主要包括生活环境舒适度和环境治理投入度等。生活环境舒适度指标主要包括人均公园绿地面积、全年空气质量优良天数等（Arysek，2017）。环境治理投入指标主要包括固体废弃物排放量、政府环境治理投资额等（申玉铭等，2016）。

对网络结构影响因素的研究主要表现在探索经济、社会、环境因素与网络结构稳定性的关系上，或更进一步探索其与区域协同的关系上。研究思路：首先将理论上可能影响网络结构的因素进行整理，提出理论假设；其次根据相关指标进行相关性分析，根据相关性和显著性筛选出贡献率较大的因素，确定影响因素的权重，分析影响因素对网络结构和区域协同发展的贡献率，进而提出政策建议并确定优化方向。常用的模型有结构方程模型（Structural Equation Modeling，SEM）、OLS 回归模型。结构方程模型是用来测度隐性变量间的结构关系的方法，其可将不易直接测度的隐性变量指标通过可观测变量指标进行替代，从而揭示隐性变量指标对因子的影响程度（曹小曙、林强，2018）。OLS 回归模型主要对因素进行相关性分析，筛选出主要的影响因素。

常用的测度模型主要包括引力模型和流强度模型。引力模型主要是从静态角度分析在某一要素下各城市间的联系强度，更多地强调联系紧密度在空间上的分布格局，是研究区域空间联系度最常用的方法。关晓光和刘柳（2014）使用修正后的引力模型分析了京津冀城市群在经济上的联系。流强度模型在引力模型的基础上，引入了对要素流向的分析，是具有动态特征的联系度测度方法。郭丽娟和王如渊（2009）使用流强度模型探究了四川盆地城市群内部的通达性和联系流强度，基于流强度对城市群内部节点城市的等级进行了划分。从信息流角度来看，信息流向以及对人员、技术、资金等的吸引力与互联网的发展程度有关，且同时与区域经济水平、政策倾向和科技水平密切相关（Hargittai，2015）。Chio等（2007）认为，区域间信息流的主要影响因素是空间距离，距离越远，信息流强度就越弱。在流空间视角下，城市间的要素流动加强了城市间的联系，城市间的不同流要素可以反映出城市在不同角度所扮演角色的重要程度（Liao and Shi，2017；Eunjung and Kim，2017；Kim et al.，2017）。

第四节　城市网络结构效应研究

一、网络结构的演化

网络结构是以城市空间为载体形成的，网络结构的演化与城市空间的演化密不可分。随着社会经济的快速发展，承载经济活动的空间由小到大不断拓展，按照城市空间尺度，可将城市发展形态划分为县域、城市、城市群和都市圈四个阶段（见图2-3）。

工业革命以来，生产力大幅提高，大量农村人口就近涌入县城，城镇化水平快速提高，县城成为主要的城市空间载体。相对于分布在农村的小规模企业，分布于县城的企业具有更高的规模效应和更强的经济发展动力。随着城市化进程的加快，县域下的企业表现出企业规模小、产业层次低、公共服务设施滞后等不足，人口和产业开始向城市集聚。和县域一样，城市也属于区域，区别就在于城市的作用范围是以城市空间为对象，研究城市范围内人的经济行为、企业的空间布局、区域间的经济联系等问题。新经济地理学认为，受市场竞争效应的影响，区域在发展过程中会产生一种制止产业集聚的扩散力，产业集聚不会无限地进行下去（Pines，2005）。当城市规模不断扩大，产业和人口过度集聚，城市承载力

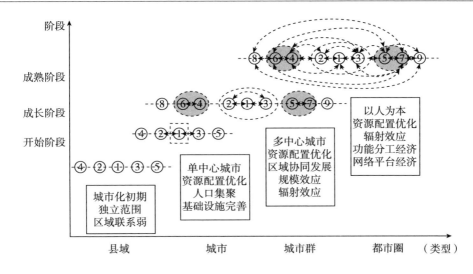

图 2-3 空间载体演化过程

达到上限时，政府政策支持力度减弱，交易成本增加将导致产业竞争优势减弱，进行产业转型升级和产业区域转移将成为新趋势。

1957 年，法国地理学家 Gottman 基于对美国东北部新罕布什尔州到弗吉尼亚州之间连续城市带发展模式的研究，提出了大都市带学说，认为城市群是构成都市带的基本地域单元，大都市带是未来经济组织与人类聚集的方向。加拿大地理学家 Megee（1989）基于不同发展环境，建立了界定大都市的指标体系。20 世纪 70 年代，日本学者通过研究大都市的演化过程指出，大都市带的形成经历了大都市地区—大城市区—城市圈层地带三个过程，由此提出了城市群的定义（Masato，2005）。20 世纪 90 年代，在经济全球化背景下，宋吉涛等（2006）指出需建立跨区域协同发展体系促进区域发展，认为未来城市空间结构将以多中心网络结构为主要特征。

国内学者对城市群的研究包括概念的深化（姚士谋，2006）、范围界定和空间结构的研究。马跃东和阎小培（2004）、潘鑫和宁越敏（2008）基于邻近区域关联度对穗港澳和长三角城市群进行了研究；周一星和宁越敏（2009）构建了都市连绵区的评价指标体系；顾朝林（1991）将中国划分为两大经济带、九大城市经济区；宁越敏（2016）将中国城市群分为 4 个等级 17 个城市群；方创琳（2011）提出了划分中国城市群的十大标准。清华大学发布的《中国城市群发展报告（2019）》从人口的集聚和扩散角度分析了城市群的等级特征。[①] 张学良等（2018）将城市群的演变阶段分为初始期、发育期、成长期和成熟期四个阶段。林宏（2017）认为，城市群的发展应分为强核—外溢—布网—叠加—整合五个阶段。

城市群是一种高效的城市发展形态。经济外部性理论认为，城市规模扩大将引发各要素的空间集聚，形成规模效应。规模效应一般具有正负两方面的外在表现：其一，城市规模扩张引起的人口和产业集聚，给居民和企业带来额外收入等正向外部性；其二，城市规模增加引发城市资源分配不均，导致城市出现拥挤、污染等负向外部性（刘永亮，2018）。城市规模效应的两种表现形式共同决定了城市规模和城市空间结构。从世界主要城市群的规模来看，城市群在人口集聚、面积占比等方面均处于正向集聚效应阶段。资源、人口的规模化集聚加强了区域内部的联系，提高了区域经济发展效率。因此，从规模效应角度来看，城市群属于高效的城市发展形态。

城市群促使产业具有高度集聚性。无论是县域阶段、城市阶段还是城市群阶段，依托城市完善的基础服务社会、快速的经济发展水平，资源、人口、企业都向城市集聚，形成集聚经济。但是，不同经济发展阶段产业的集聚效应不同，集聚的性质也有差别。在县域阶段，县城的集聚能力较弱，在封闭的县域范围内，经济发展力争做到面面俱到，一、二、三产业布局齐全，但产业的发展动力不足，产业在县域内尚未形成规模，产业间缺少联系，导致资源利用率低、产能不足、环境污染严重等一系列问题。在城市阶段，城市规模得到扩大，产业在城市中的分布以集聚分布为主，形成工业园区，不同产业都布置在工业园区中，在一定程度上提高了经济集聚能力，但由于缺少对不同产业间关系的分析，盲目地将不同产业都纳入工业园区，导致工业园区内部产业间的联系度较弱，经济效益受到制约。在城市群阶段，为了实现区域间的共同发展，将一定范围内的多个城市统一起来形成城市群，但是受行政壁垒的约束，各城市单元内部合作较弱，产业园区发展同质化严重，制约了城市群经济的发展。都市圈是近年来新提出的一种城市空间形态，在范围上比城市群更小，区域内各单元间的联系度更紧密，在都市圈阶段，学者提出打造产业集群，将原有的工业园区进行更专业化的划分，加强对同一产业链上不同企业的集聚，形成不同的产业集聚片区，提高经济效益，

① 清华大学中国新型城镇化研究院 . 中国城市群发展报告（2019）［EB/OL］. http：//tucsu. tsing-hua. edu. cn/upload_ files/atta/1551401345990_ 2C. pdf.

如图 2-4 所示。

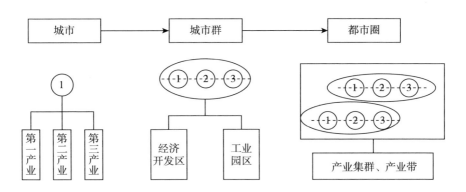

图 2-4　不同城市形态下的产业集聚特征

　　城市群将加快网络结构的形成。随着科技日益发展，距离不再是制约区域经济发展的直接原因，但在具体的空间范围内，空间上的邻近区域为区域经济联系提供了基础，且邻近区域间的联系强度普遍高于区域外部之间的联系。Chen 等（2016）基于距离衰减理论实证分析指出，靠近中心城市的集聚企业间的联系强度要高于远离中心城市的集聚企业间的联系强度，王建华等（2015）通过研究知识溢出演变规律，发现知识溢出存在较明显的地理邻近效应，距离中心城市越远，知识外溢效应越弱，呈"中心—外围"的空间分布格局。在经济全球化背景下，人口、资源、产业不断向城市集聚，城市规模不断扩大，城市群的空间结构向网络化发展，这种空间格局使区域分工更明显，内部联系度更高。

　　根据区域一体化发展的要求，多中心格局下的城市群需要以协同创新为抓手，将城市群打造成具有创新空间功能的专业化区域空间（王兴平、朱凯，2015）。基于城市群多中心格局，郑德高等（2017）对比了上海大城市群和京津冀城市群，从功能网络和城市群圈层结构关系分析了空间组织架构，并提出了协调发展与分工的路径。在信息技术快速发展的背景下，依托互联网技术，原始的物理空间距离制约城市经济发展的功能逐渐弱化。城市的规模集聚效应使人口、企业、资源等向中心城市集聚，当中心城市承载力达到一定限度后，经济的正向外部性转向负向外部性，产业和人口将根据与中心城市的不同空间距离及功能分工向外迁移，形成了不同的次级中心城市，当城市的规模和城间距离在离心力和向心力的共同作用下达到稳定状态时，就形成了城市群经济的层级结构，如图 2-5 所示。

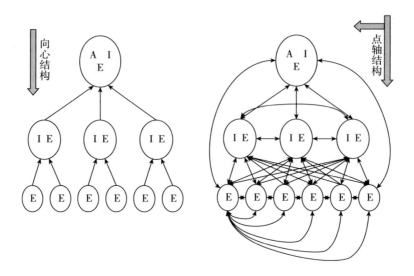

图 2-5　城市群网络空间关系

资料来源：沈丽珍（2010）。

二、网络空间结构实证研究

国外关于流空间的实践研究比较深入的有英国拉夫堡大学的全球化与世界城市（Globalization and World Cities Study Group and Network，GaWC）课题组和欧洲多中心巨型城市区可持续管理研究团队（Sustainable Management of European Polycentric Mega-City Regions，Polynet）。

在早期的研究中，由于流数据的获取途径有限，对流空间理论的实证分析存在困难。GaWC 课题组利用全球的高端服务业（APS）数据，分析了知识密集型产业在世界城市间的相互联系和流动特点，将流空间理论用于城市间的实证分析，形成了测度全球城市网络体系的方法，这一方法突破了流空间理论与实证研究脱节的困局（Taylor，2001）。GaWC（2018）计算了世界城市间的联系度并进行了排名。Hennemann 和 Derudder（2014）利用流空间理论构建了网络组织架构，进而反映了城市间的等级排名。

Polynet 基于英国 Young 基金会，由欧洲八所著名大学的学者组成，利用流空间理论，对欧洲英格兰周边的八大巨型城市间的联系度进行了分析。通过流空间理论找出了巨型城市区中的多个中心城市，为欧洲的区域发展提供了政策建议（Timberlake，2008）。

（一）国外关于网络空间结构的研究

国外学者在网络空间结构研究方面已取得了较多的成果。Taylor（2001）在Castells流空间理论的基础上提出了世界城市网络理论，将克里斯塔勒的中心地理论从物理空间扩展到网络空间，对中心地理论进行了扩展，并解释了世界城市网络的形成机制和特征。Adams和Ghose（2009）通过分析互联网背景下美国对印度高技术人才的吸引力，分析了信息流背后的作用机制。Liu（2004）分析了人流和信息流的相互作用对网络空间结构的影响。

在全球尺度方面，Taylor（2010）以高端服务业为研究对象，对世界城市基于高端服务业间的联系所构成的网络结构特征进行了分析；Matsumoto（2004）重点探究了全球重要的国际航空港所在区域间的联系，并构建了国际航空港城市网络结构。在国家尺度方面，Polynet（2008）应用流空间理论对欧洲发展成熟的八大巨型城市间的人流、企业资金流的联系度进行了分析，突出了流空间理论下城市组织架构对指导城市发展方向的优势。在城市尺度方面，Mitchelson（1994）利用流空间理论和方法，对美国快递基础信息数据进行了分析，以此确定城市的腹地范围和不同区域节点间的功能联系。整体来看，关于大都市区下网络空间结构的研究主要从三大流要素角度进行分析，即信息流空间、企业流空间和交通流空间。

在信息流空间方面，Lordan和Sallan（2019）对信息技术下的城市空间结构进行了研究。随着科技进步，互联网、计算机等媒介进入了大众的视野，传统的物理邻近空间结构不断与信息网络空间交互融合，形成了地理网络空间（巴凯斯和路紫，2000）。Hashimoto（2002）对信息技术下的城市空间结构进行了研究。随着流空间理论的推广，信息技术下的城市间联系得到了科学验证，借助GaWC的测算方法，Peter（2011）对欧洲八大巨型城市间的通信联系度进行了计算，得出了巨型城市间的联系强度，为城市空间格局研究提供了新的视角。

在企业流空间方面，Taylor（2005）、Rossi等（2007）、Wouter和Hans（2011）以跨国公司为载体，分析其内在的资金流向、人才流向和技术流向，由此构建城市间的企业网络空间结构。Russell（2019）利用互联网的地址和搜索频数研究了城市间的联系紧密度。Franzese（2018）认为，信息流的主要数据是基于互联网的网络宽带流量、互联网信息搜索频数等方式获取。

在交通流空间方面，Alderson（2014）主要从客运流量和货运流量角度测算全球尺度或国家尺度下城市间的联系度，并对网络结构的影响因素进行分析。Derudder和Witlox（2019）利用全球客运航空流量数据构建了全球重点城市网络空间结构模型。Montis 等 (2020) 基于意大利中心城市与郊区间的通勤数据研究了城市各区域间的联系度, 进而分析了城市的网络结构特征。

在城市结构关联方面, 主要集中在基础设施网络、社会文化网络和企业组织方面。在基础设施网络方面, 学者主要基于交通基础设施分析城市间的联系, 交通基础设施是连接城市的基础, 能承接人流、物流在城市间的流动, 能直接反映城市间的联系度。在社会文化网络方面, 学者主要通过文化联系、政治联系来表征城市间的紧密度。如 Scott (2019) 基于到法国不同城市旅游的英国游客的数量及流动情况, 研究了跨国文化对城市间联系的影响程度。在企业组织方面, Brown 等 (2019) 以 456 个跨国公司及其分支机构为样本, 分析了由全球 3563 个城市组成的网络结构, 总结出了跨国公司形成的全球网络结构特征。Taylor (2010) 通过办公网络构建了企业服务矩阵, 分析了基于企业网络的城市结构特征。

(二) 国内关于网络空间结构的研究

国内学者在应用流空间理论研究城市结构方面起步比较晚, 主要应用单一流要素分析城市等级体系和网络组织结构。宁越敏和张凡 (2015)、王萌 (2015)、熊励等 (2018) 主要从信息流、交通流和物流视角分析了城市间的联系度。沈丽珍等 (2009) 通过对城市在工业生产、生活居住等方面长时间序列的演变研究, 找出了城市空间中区域功能变化、空间维度升级、边界范围形成等方面的变化特点。卢中辉 (2018)、邓元慧 (2015)、梁宇等 (2017)、郑新奇等 (2017)、陆璐等 (2019) 利用民航客运数据和交通运输数据分析了城市间的联系情况。马学广和李贵才 (2011) 认为, 在不同的尺度上, 研究方法具有多元性, 在全球尺度、国家尺度上更多地使用航空网络数据进行区域间关联度的分析。牛方曲和刘卫东 (2016)、黎智枫和赵渺希 (2016)、王开泳和邓羽 (2016)、阎东彬等 (2017) 认为, 在省市尺度上, 更多地使用 POI 数据、微博数据、百度指数等分析区域间的联系度。姜博和王媛 (2014)、刘涛等 (2015) 认为, 不同要素下城市间的联系决定了城市的功能分工, 其是空间功能分工的综合表现。

在信息流方面, 宁越敏 (2016) 分析了互联网对中国 24 个主要城市重塑空间格局的作用, 发现互联网作用下节点城市的地位在动态变化, 互联网通过打破空间物理第一性促使区域形成新的城市体系格局。随着大数据的普及, 胡国建等 (2018)、熊丽芳等 (2013) 利用百度指数对全国尺度、省域尺度和长三角尺度下的主要城市网络空间结构进行了研究。吴乘月 (2014) 利用百度指数构建了城市社会网络结构。基于百度指数可以探讨不同尺度下的区域信息空间格局, 赵映慧等（2020）基于百度指数研究了东北三省的网络结构，提出东三省表现为以吉林和辽宁为"主核心"、以黑龙江为"单中心"的空间组织架构。叶磊等（2020）综合利用信息流和交通流分析了江苏省的网络结构，认为江苏省各城市间的联系度整体上呈以南京市为核心、向外逐渐递减的"核心—边缘"格局。

在交通流方面，主要引入重力模型对全国尺度下主要城市间的联系度进行分析，构建全国重点城市间的航空网络，并与生产服务业作用下形成的网络结构进行对比，分析二者的关系（赵渺希、陈晨，2011；胡国建等，2019）。基于铁路数据流的研究，主要通过城市间的客运量数据分析城市在区域网络结构中的结构特征和等级分层（孙阳等，2016；王姣娥、景悦，2017），冯长春（2014）等基于城际轨道交通数据进一步分析了珠三角的多中心空间结构。杨晓敏等（2018）重点关注了城市网络结构中的空间可达性、分布均衡性等特征，研究发现基于客运量数据构建的交通网络格局在空间上具有尺度效应、规模效应和层次效应等特征。利用交通流数据有助于直观地表示区域组织架构间的关联度，如以长三角城市群（罗震东等，2019）、珠三角城市群（蔡莉丽等，2020；陈伟劲等，2019）为研究对象，基于交通流探究了城市群的规模效应、内生性和向心性等特征。通过文献梳理可知，基于交通流研究城市空间格局的重塑时，采用的数据单一，具有局限性。

在研究方法方面，融入了网络空间分析法和社会网络分析法，对构建城市网络空间格局有极大的促进作用（黄言等，2019）。在资金流方面，赵新正等（2019）实证分析了不同尺度下《财富》世界500强中中国企业间的经济联系度与城市间网络格局的关系，研究了长三角城市群的网络空间格局对中国主要城市片区形成的网络结构及全球主要城市在世界城市网络结构中形成的网络结构的影响。陈阳（2012）利用企业在城市空间结构中的地位对节点城市的功能和等级特征进行分析，为突出相应节点城市的价值提供依据。汪鑫等（2014）通过构建不同中心城市下的网络空间结构，对比了两个城市的内外流向性，认为不同城市网络架构具有中心和腹地特征。王艳茹和谷人旭（2019）通过研究流空间作用下的城市空间结构，总结出了长三角城市的空间结构在时间序列中的演变特征。

三、网络空间结构效应研究

合理的空间结构有助于要素在城市群内实现合理配置，因此，发挥网络空间结构效应可以促进区域平稳发展，同时也有助于促进区域协同发展。关于网络空间结构效应的研究表现在经济效应、环境效应和通达性效应三个方面。

（一）经济效应

对网络空间结构与经济效应关系的研究集中在城市发展的经济指标和城市空间结构间的关系方面。李国平和孙铁山（2013）研究认为，多中心网络空间结构有助于城市规模的良性扩展，能促进区域协同发展，提高城市经济效率，形成发展均衡的空间组织架构。Fujita 和 Ogawa（2014）构建了多中心城市理论模型，研究表明，在满足规模经济的条件下，多中心空间格局越能缩小城市间的差距，促进区域协同发展。Burger（2012）研究发现，多中心空间格局能提高城市生产率。Lee 和 Gordon（2007）对经济增长率的影响因素分析表明，城市规模直接影响城市经济增长速度和城市空间格局，城市规模越大，多中心空间格局越能更好地提高城市经济增长速度。孙斌栋等（2015）利用生产函数对我国 30 个大城市的经济绩效进行了测算，结果证明多中心空间结构的城市经济绩效高于单中心空间结构的城市经济绩效。

也有学者认为，多中心空间格局的建设成本要大于其可能带来的收益；相反，单中心空间格局的集聚度越强，紧凑度越高，越能有效地降低生产成本，提高劳动生产率（Henderson，2010；丁成日，2005）。城市规模直接影响城市网络空间结构效应，小规模的城市应以单中心空间格局为主，应加强要素的空间集聚，以提高劳动生产率；大规模的城市应以多中心空间格局为主，多个城市间的联系能缩小区域间的差距，实现资源的优化配置，带动区域协同发展（Lee，2006）。

（二）环境效应

学者对网络空间结构与环境效应关系的研究主要包括大气环境、能源利用和水环境方面。网络空间结构对大气环境效应的影响主要表现为热岛效应、空气质量变差等。Ribeiro 等（2014）对城市空间结构和空间质量间的关系进行了分析，结果表明，与规模较大的多中心网络结构相比，规模较小的单中心网络结构的空气污染总量较少，但污染的浓度较高。在网络空间结构与城市热岛效应的关系方面，葛亚宁（2018）研究发现，网络结构密度越大，城市热岛效应越强。城市网络结构对能源利用的影响主要表现为碳排放方面。Gurney 等（2015）分析了纽约市的人均碳排放量与人口集聚间的关系，结果表明人口集聚度越高，人均碳排放量越大。而 Chen 等（2011）认为，土地破碎化程度越高，城市能耗就越大，二者为正相关关系。网络空间结构的密度越大，城市间的联系度越强，城市中由交通产生的碳排放量越小（范进，2015；姚胜永、潘海啸，2017）。城市网络结构对水环境效应的影响的研究较少，主要表现在水质方面的影响。Shandas 和 Parandvash（2010）认为，城市空间结构与城市水质具有相关性。

（三）通达性效应

学者对网络结构与通达性效应关系进行了大量的实证研究，学者普遍认为多中心网络结构有助于提高区域间的可达性。Giuliano 和 Small（2013）对美国的洛杉矶城市群的研究表明，洛杉矶城市群的多中心结构降低了人口的集聚度，缩短了人们的通勤时间和距离。孙斌栋等（2013）研究了上海人口通勤时间和距离与人口居住区域的关系，认为通勤时间与到中心城区的距离成正比。在中国，越来越多的大城市通过打造多中心网络结构来缓解"大城市病"（孙斌栋、潘鑫，2008）。

但是，也有学者认为多中心网络格局并没有提高区域的通达性。Cervero 和 Landis（2018）通过对居民通勤时间的研究发现，多中心网络结构导致就业中心在空间上呈分散分布状态，反而增加了中心城区与郊区居民的通勤时间。Jun 和 Myung-Jin（2017）测算了多中心网络结构下居住在新城的居民的通勤时间，发现居住在新城的居民的通勤时间比居住在老城的居民的通勤时间增加了 30%～64%，多中心网络结构将增加通勤成本。

第五节　本章评述

本章对流空间和地理空间的概念、网络结构的相关理论、网络结构的影响因素以及城市网络结构效应四个方面的研究进展进行了梳理，可以看出，流空间与地理空间结合形成网络空间结构已成为信息技术背景下大城市发展的主要形态，随着研究的深入，不再局限于概念、内涵、理论分析等方面，而是深入研究网络空间结构的影响因素、作用机制、结构效应等方面，网络空间结构对区域协同发展具有重要的意义。但是，仍存在一些不足。

首先，对流空间下城市群网络结构的研究缺乏系统性，研究主要集中在不同尺度下单一流要素在城市间的联系度，缺少对区域空间体系化的研究。需要将城市群与网络空间结合起来，加强对城市群网络结构的实证研究。

其次，对城市群网络结构的区域功能分工的研究比较薄弱。学者们已经关注到城市群空间格局由单中心向多中心转变。但是，欠缺对城市群网络结构中的区域功能分工问题（如功能定位、人才集聚、功能区间协作等）的研究，缺少对节点城市在网络空间架构中的能级研究。

最后，对流空间下的城市群网络结构效应的研究仍停留在定性描述上。对结构效应多从经济、环境、通达性单一角度进行分析，缺少对三者综合效应的研究。

第三章 城市群从传统地理空间
向流空间结构转变

评估传统地理空间下城市群的空间格局是理解流空间下城市群网络结构特征和优势的基础。本章首先基于中国四大城市群的产业空间格局现状，分析了地理空间下城市群的空间结构与区域协同发展间的关系。然后对比地理空间下城市群空间结构的不足，结合流空间的内涵，对流空间视阈下城市群网络结构的测度方法和特征指标进行详细分析。

第一节 传统地理空间视阈下城市群的特征

城市群空间格局主要是基于产业的空间布局形成的，产业的空间格局是城市群空间组织架构的表现形式。从本质上说，产业空间格局反映了国民经济体系中各产业的质量分布特征。产业格局是生产要素在不同生产部门间流动最终实现资源的优化配置而形成的，稳定的产业格局是资源实现最大经济效益的表现形式（胡酒武，2017）。产业的空间分布一般经历科技园区—边缘城市—高技术产业带—分蘖四个阶段。

一、城市群空间格局演化的一般过程

（一）第一阶段：依附于科研院所的科技园区

产业布局的根本是以最小的成本获取最大的收益。最早的产业集聚始于美国斯坦福大学创建的科技园区，即后来的硅谷。斯坦福大学的校长认为，产业发展高度依赖于科学技术，在大学附近建立科技园区，搭建起研发与生产间的合作桥

梁，同时营造良好的创新发展环境，实现产学研一体化，提高科技转化的时效性，为产业发展源源不断地注入创新活力。如比较著名的硅谷科技园、波士顿128号公路产业园剑桥工业园、中关村科技园等，都位于高校及科研院所周围，企业的集聚为高校师生提供了良好的创业环境，高校为企业提供了人才和技术支持，为实现科技快速转化提供了条件，如表3-1所示。

表3-1　主要科技园区分布

名称	区位	优势
硅谷科技园	斯坦福大学	产学研快速转化，为老师和学生提供创业环境
波士顿128号公路产业园	哈佛大学、麻省理工学院、波士顿大学	高校为企业输送人才、技术及管理理念，企业为高校提供创业环境
剑桥工业园	剑桥大学	剑桥大学为园区企业提供70%以上的人才，50%以上的新技术
中关村科技园	北京大学、清华大学、中国科学院等26所科研院所	企业为科研人员提供孵化空间，实现产学研快速转化

（二）第二阶段：企业分布于边缘城市

随着依附于科研院所的科技园区在知识溢出和集聚效应的不断加强，园区企业的数量急剧增加，商业化程度越来越高。当企业大量集聚超过园区承载力及科研院所的知识溢出效应后，将出现"城市病"问题，主要表现为三个方面：地价上涨、交通拥挤、环境恶化等科技园区负外在性增强；科技溢出效应不能满足企业需求；商业利益驱使破坏产研转化规律。这三方面的抑制效应促使企业向郊区转移，郊区具有地价低、交通便捷、距中心城市近、有较完善的基础服务功能和完整的技术服务体系的优势，形成企业的边缘城市分布格局（见图3-1）。如巴黎大都市区在位于郊区的法兰西科学城吸引了核子研究中心、法国电力公司、通信公司等企业入驻，形成了法国的128号公路；日本筑波科学城位于离东京60千米的地区；中国上海的张江高新技术产业开发区、嘉定工业园区也位于边缘城市。

（三）第三阶段：企业由产业园区转变为高技术产业带

产业在城市边缘不断发展，形成产业集群，通过交通网络将不同产业集聚串联起来形成产业带。从世界级城市群的产业空间格局可知，交通路网对产业带的形成至关重要。如波士顿128号公路产业园就是通过公路将各大企业及哈佛大学、波士顿大学、麻省理工学院等高校连接起来，形成的高新技术产业带；伦敦城市群中的高新技术产业区通过高速公路将布里斯托尔和南威尔士相连，使分布于两个城市范围内的电子计算机、电子产品、广播接收器等设备制造企业串联，形成高技术产业带，现已成为英国最重要的技术产业集聚区之一（吴玉鸣，2006）；韩国的大德科技园区距离首尔17千米，由工业区、科学博览园区、屯山新都区等组成韩国的高新技术产业带。

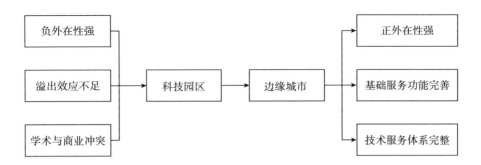

图 3-1　企业边缘性分布优劣势对比

（四）第四阶段：分蘖

分蘖是生物学概念，指禾本科等植物在地面以下或近地面处所发出的分枝。在产业空间分布格局的演变中，产业的空间分布同样具有分蘖性。同样受集聚效应的影响，当产业集群数量超过产业带的承载能力时，为降低成本提高经济效益，产业会将技术含量高的部门留在产业带中，保持产业科技转化时效性，而将技术含量低、劳动力集约型的部门转向环境更优、交通更便利、成本更低的区域，同时按照原有企业的技术、文化、管理等模式同步发展，形成完全独立的个体，与原有企业形成总部和分部的关系，这个过程就是分蘖。产业格局的分蘖一般发生在大尺度范围内，如全球尺度下的跨国公司、国家尺度下的母子公司等。

二、国内外城市群空间格局的特征

城市群的产业类型和城市群空间格局密切相关，根据距离衰减理论，不同产业在城市群的圈层结构中将呈不一样的分布特征，而城市群中的主导产业对空间格局的贡献率意义重大。

（一）城市群空间格局具有经济高效性

地理集中度是指地理要素在区域上的集中程度，既能揭示要素的空间分布特征，又能表示在大区域范围内同级别、小区域的地位和作用。世界主要城市群占各国 GDP 的比重如图 3-2 所示。

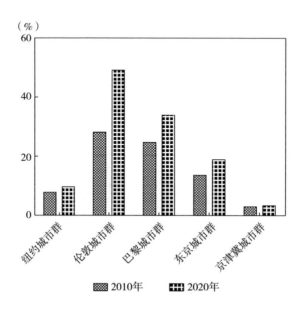

图 3-2　世界主要城市群占各国 GDP 的比重

资料来源：笔者根据相关资料整理。

美国有纽约城市群、洛杉矶城市群、芝加哥城市群等多个城市群，在 1.96% 的国有土地面积上集聚了美国 26% 的常住人口，创造了美国 38% 左右的 GDP。其中，纽约城市群作为美国最大的城市群，由纽约市及周边 36 个县组成。根据美国商务部经济分析局（BEA）统计数据分析可知，2020 年，纽约城市群以 0.37% 的国土面积、6.9% 的全国人口创造了美国 9.68% 的 GDP，比 2010 年占全国 GDP 的比重增长了近 2%，可见纽约市的经济规模庞大。

广义的伦敦城市群是指以伦敦—利物浦这条轴线上的大伦敦区、伯明翰、谢菲尔德、曼彻斯特、利物浦等四个国家的数个大中城市组成的区域，面积为 4.5 万平方千米。狭义的伦敦城市群主要指大伦敦区，包括伦敦市及其周围的纽汉、格林威治、萨瑟克、默顿等 32 个区，区域面积为 1580 平方千米。2020 年英国经济统计公报数据显示，2020 年，大伦敦区人口为 893 万，在全国 0.66% 的国有土地面积上集聚了全国 14% 的人口，创造了英国 49% 的 GDP，比 2010 年与全国 GDP 的比重增长了 21%，说明较单一城市而言，城市群经济规模更大，主要的经济活动都集中在城市群范围内。

巴黎城市群位于法国北部，由巴黎市和埃松、上塞纳、塞纳马恩、塞纳圣德尼、瓦尔德马恩、瓦尔德兹和伊夫林七个省组成。全区面积为 12012 平方千米，占法国国土总面积的 2.2%，人口为 1200 万，占法国总人口的 18.8%。法国统计局数据显示，2020 年，巴黎城市群创造的工业生产总值占全国工业生产总值的 25%，国内生产总值占全国生产总值的 34%，依托文化创意、服装设计等产业，巴黎城市群的经济得到迅速发展，是法国最重要的经济中心。

广义的东京城市群包括东京都、神奈川县、千叶县、埼玉县、群马县、茨城县和栃木县，即通常所说的"一都六县"，在 3.6% 的国土面积上集中了 28% 的人口，创造了日本 33% 的 GDP。狭义的东京城市群即"一都三县"，包括东京都、埼玉县、千叶县、神奈川县。日本厚生劳动省公布的数据显示，东京都作为首都，2020 年的 GDP 占日本 GDP 的 19%，比 2010 年增长了 5.5%，与城市群相比，单个城市对经济发展的贡献率较低。

我国的 19 个城市群正处于快速发展期，根据华夏幸福产业研究院公布的数据可知，2020 年全国 19 个城市群以 4.5% 的国土面积承载了 32% 的人口。2000 年以来，中国城镇新增人口中的 65% 流向了 19 个城市群，预计 2020~2030 年，新增城镇化人口仍将以 60% 以上的增速继续向核心城市群集中，城市群经济规模将不断扩大。

（二）城市群空间格局具有"三生"协同性

城市群更符合区域人口流动的实际情况，在生产、生活和生态方面有助于实现"三生"协同发展。具体来说，在生产方面，基于城市群不同区域在资源禀赋、人口结构、基础服务水平、经济发展水平等多种因素的差异性表现，因地制宜地对不同区域施行符合当地发展的功能定位，在充分发挥各区域自然优势的同时，加强区域间的互联互通，提高区域经济效益，带动城市群内各区域的经济发展。在生活方面，一小时通勤圈保障了城市群范围内各区域人员流动的可行性，缓解了人才过度集中在中心城区的压力，为区域经济发展提供了可持续的人才保障。在生态方面，基于交通路网实现各区域的联通，不断完善企业和生活区域的基础服务设施建设，加强了各区域的联系，统领城市群发展，实现城市群格局下的区域"三生"协同发展。

（三）城市群空间格局具有梯度组织性

尽管信息技术的革新弱化了地理空间距离对产业分布的影响，但产业的选址仍然以经济效益最优为原则，基于对利润的天然导向，企业必然选择高收益、低成本的区域布局，产业的空间布局依然遵循"中心—边缘"理论，在城市群的圈层结构中则表现为梯度分布特征。

从空间分布角度来看，大多数城市群产业形成"三二一"逆序化分布规律：金融、商贸、总部等高附加值产业，重点分布在核心区；制造业依照对核心区的依赖度与对土地空间的需求度，从内而外按产业附加值的高低呈梯度布局。

纽约市作为大城市群核心区，聚集的产业主要有房地产业、金融业、科技服务业、信息业等具有高技术含量和高附加值的知识密集型产业及高端产业低附加值的生产性服务业。在 0~30 千米的城市群核心圈内，以科技创新、金融等高端服务产业为主，如位于核心圈曼哈顿区的华尔街是主要的金融区，聚集了美国一半以上的金融公司总部。在 30~60 千米的城市圈内，汇集的主要是先进制造业，这类产业对核心城市的研发、金融和销售体系有较大的依赖，又需要相对充裕的土地空间，以适应集群发展，如纽黑文是耶鲁大学所在地，重点产业以医疗保健、专业服务、金融服务和零售贸易为主，在纽约市哈德逊河形成以电子信息、高端装备制造和都市产业为主的产业带；布里奇波特由传统的钢铁铸造厂转向医疗保健、金融和教育产业。在 60~120 千米的辐射圈内，主要分布着一般制造业，如帕特森以生产发动机等大型设备为主；特伦顿则以橡胶、钢丝绳和雪茄等产业为主（见表 3-2）。纽约与周围区域在产业链上深度融合，在区域产业分工上错位发展、相互补充，形成了城市功能分异明显、产业分工布局完善、城市竞争有序的大城市群。

表 3-2　纽约城市群圈层结构

圈层	半径（千米）	产业类型
核心圈	0~30	科技创新、金融等高端服务业
城市圈	30~60	先进制造业
辐射圈	60~120	制造业

资料来源：华夏幸福研究院。

巴黎大城市群产业类型的圈层结构特征明显。2016 年法国统计局数据显示，巴黎城市群核心区的产业类型主要以生产时尚、易变产品、时装、食品等工业部门为主，由此创造了 610 万个就业机会，占全法国就业岗位的 23%，主管人员、高级专业技术人员数量占法国主管人员总数的 26.8%（见表 3-3）。传统的汽车制造、印刷、电子产品制造等劳动密集型产业向城市群转移。在城市群的外环区域，产业以农林牧渔及传统工业为主，巴黎城市群工业重心向西转移，从市区西郊至西部形成工业轴心，其两侧组成西北—东南向的工业带，可见巴黎大城市群具有明显的产业梯度特征。

表3-3　巴黎城市群人口类别分布

类别	总人数（人）	占全国人口比例（%）
白领	1635598	27.0
主管人员、高级专业技术人员	1623482	26.8
中间职业	1562905	25.8
蓝领工人	872319	14.4
零售商、企业主	272599	4.5
农民	6058	0.1
其他	84809	1.4
合计	6057770	100

资料来源：2016年法国统计局。

伦敦城市群包括32个区和1个金融城，在辐射圈沿M4走廊形成信息技术、生物医药与企业后台服务产业集聚的高科技与现代服务产业带；泰晤士河口则是以金融后台服务、航空航天和军工、先进制造研发为主的新兴产业带。以伦敦为核心区域的产业以金融业、房地产业、批发零售业等服务业为主。法国统计局数据显示，伦敦核心区拥有1000多家金融服务公司，其中70%以上分属于80多个国家和地区；拥有550家跨国银行，其中52家银行总部在核心区；有800多家保险公司，一半以上的英国百强企业和100多个欧洲500强企业在核心区设立了伦敦总部。2016年，伦敦城市群金融业贡献了大约18%的地区GDP，伦敦金融业GDP占英国GDP的48%。在伦敦外围地区以汽车制造、生物制药、旅游业为主。在2016年伦敦城市群经济总量中，地产、租赁和商业占GDP的39%，制造业占GDP的18%，东英格兰的农业和渔业占英国经济总量的12%，伦敦城市群产业分布呈"三二一"的梯度分布。

东京城市群按圈层呈服务业、研发与制造业梯次渐进，而核心区主要是商务研发产业的集聚。整体来看，东京城市群在京滨和京叶沿海地带逐步实现了产业升级和创新能力自给自足，湾区沿海实现了从生产中心向研发中心的升级，而纯粹的制造业逐步向内陆相对偏远的地带转移。在神奈川县西部和东京都西部的多摩地区、埼玉县及千叶县，聚集的主要是制造业企业，尤其是多摩地区拥有大量电子产业企业，埼玉县以机械制造和医疗制品为主导。随着生产中心向内陆延伸，各大企业的研究所跟随生产中心向内陆迁移，八王子市、所泽市、厚木市等内陆城市成为新的科研中心。

中国 19 个城市群中发展较成熟的除了长三角城市群，大部分城市群都属于成长型城市群。华夏幸福产业研究院基于 2021 年《中国统计年鉴》行业数据对中国四大城市群的各行业 GDP 占比进行了分析，结果表明，城市群内产业结构呈"三二一"的产业布局，虽然服务业占比最大，但中国城市群的服务业发展相对滞后，结构梯队不明显（见图 3-3）。

（四）城市群空间格局具有空间主导性

城市群涵盖了不同区域，通过协调不同城市的功能形成城市群功能互补、互联互通的发展格局。以纽约城市群为例，纽约集聚了大量发达的总部经济和高级服务业，成为国际金融中心。波士顿地区集聚了高科技产业，华盛顿作为首都以发展旅游业为主。根据 2021 年世界经济数据库公布的数据可知，从产业结构来看，纽约城市群的三次产业结构比为 0.2∶13.2∶86.6，第三产业占主导，其中，纽约市的服务业产值占比超过了 90%，房地产、金融、信息出版和专业服务等高附加值生产性服务业比重都在逐步提高，高端服务性产业占主导。

巴黎城市群的核心区是巴黎大区，以巴黎市为代表，其经济发展以高度服务化产业为主。根据 2021 年世界经济数据库公布的数据可知，从产业结构来看，巴黎大区占有高达 80% 以上的第三产业就业比重，而法国第三产业就业比重平均值为 70%。作为欧洲重要的研发中心，巴黎吸引了全国 45% 的研发人员，大学生占比超过了 40%。巴黎的三次产业结构比为 0.3∶11.9∶87.8，从产业分布特征来看，金融业、保险业、服装制造业等都市型产业主要集中在巴黎市，生产性服务业主要分布在城市圈，而辐射圈主要以第一产业和工业为主。

巴黎城市群有独特的优势。巴黎集中了众多的国际企业和高级研究机构，进行着频繁的国际商业活动，作为世界历史名城，巴黎有着丰富的历史文化遗产、旅游胜地和丰富的都市文化生活。巴黎产业部门齐全，奢侈品生产是巴黎工业的一大特色，在工业中居第二位，产品有贵重金属器具、皮革制品、瓷器、服装等，巴黎的金融、保险、商业、会议博览和旅游业都很发达，第三产业就业人口占巴黎就业人口的 70%。

根据 2021 年世界经济数据库公布的数据可知，与纽约城市群、巴黎城市群相似，伦敦城市群和东京城市群的高端服务业比重分别为 79% 和 82%。伦敦城市群内的次级中心伯明翰、谢菲尔德、利物浦和曼彻斯特都以服务经济为主，金

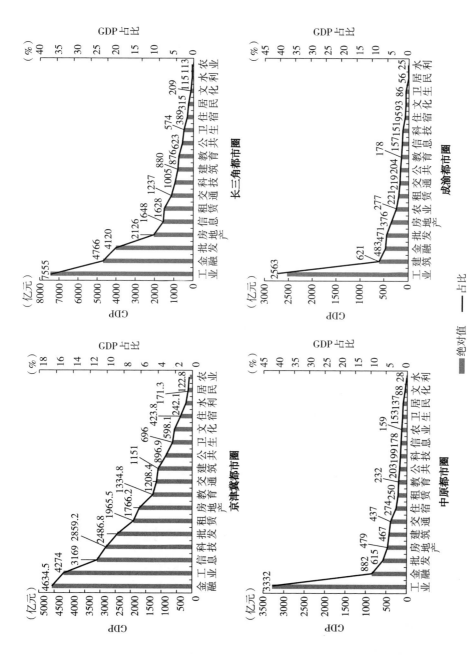

图 3-3　2020 年中国城市群各行业 GDP 占比分布

资料来源：华夏幸福研究院。

融服务业和商务服务业占主导地位，二者合计产值占区域总产值的 40% 以上。文化与创意产业迅速发展，成为伦敦第二大支柱产业，极大地带动了伦敦经济发展并解决了就业问题。在东京城市群中，东京具有高度综合性的城市功能，集政治功能、教育与创新功能、金融功能、工业中心功能于一身。东京在城市群内首位度极高，集聚了 45% 的科学研究人员、80% 的网络服务、33% 的大型娱乐设施、100 多家银行总部和半数以上年销售额超百亿日元的大公司。东京城市群有别于其他国际化大城市群的一个特点就在于其第二产业比重远高于其他国际大城市群，近年来，其第三产业比重不断上升，同样以服务业为主。

中国城市群的产业结构同样以服务业为主，但与国际城市群相比，在服务业规模和结构方面仍存在较大的差距。以京津冀城市群和纽约城市群对比为例，在京津冀城市群的服务业中，金融业、批发零售业和房地产业占主导地位，而纽约城市群在公共服务、房地产、科学研究等领域的优势突出。京津冀城市群和纽约城市群在科研服务和公共服务两个行业差距最大，从人均服务产品对比中可以看出，纽约城市群在科研服务和公共服务方面的人均服务投入分别约是京津冀城市群的 22 倍和 33 倍，中国城市群在服务业方面的发展还需进一步提高（见图 3-4）。

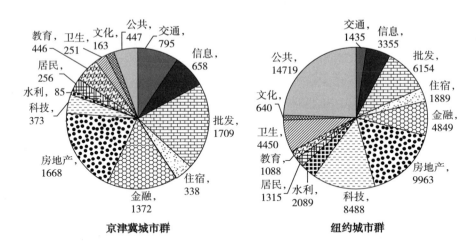

图 3-4　2021 年京津冀城市群和纽约城市群服务业投入比较（亿元）

资料来源：《中国统计年鉴》（2022），2022 年世界经济数据库。

（五）城市群空间格局具有空间创新集聚性

城市群在空间格局区域经济发展中具有引领作用，城市群的资源优势吸引了科技、人才和教育等资源的集聚。城市群中包含的大型企业和创新企业占比超过了区域总量的80%以上。根据2021年《财富》世界500强排行榜可知，美国十大主要城市群世界500强企业占全美国的89%，其中纽约城市群中世界500强企业数量的占比达22%；日本、法国城市群中的500强企业占比均达到了97%以上；在德国，所有世界500强企业全部分布在城市群范围内；英国城市群中世界500强企业占比较低，为82%，主要原因在于英国城市群中工业企业占比较大，以新型技术为主的企业数量受到了影响；中国城市群中世界500强企业占比达88%，主要分布在京津冀城市群、长三角城市群、珠三角城市群中，其中，19个城市群集聚了中国64%的智能驾驶企业和74%的虚拟技术等高科技企业（见图3-5）。

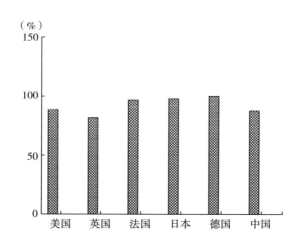

图3-5 世界500强企业在不同国家城市群中的占比

资料来源：2021年《财富》世界500强排行榜。

从城市群角度来看，2015年京津冀城市群拥有的世界500强企业总数超过了东京城市群和纽约城市群拥有的世界500强企业总数，位居第一，东京城市群、巴黎城市群、纽约城市群、伦敦城市群分别位列第2、第3、第4、第5（见图3-6），世界五大主要城市群拥有的世界500强企业总数占全球的世界500强企业总数的70%，说明城市群具有较好的创新环境，能满足企业更高的发展需求。

相对于单个城市的发展，城市群在人口集聚、产业布局、科技创新、资本厚度、开放力度和政策实施等方面都有很大的提升。具体表现为：①人口集聚扩大了人口规模，提高了人口密度，增加了人口热度，吸引了不同行业和文化层次的人进入城市群，为保障不同功能类型的企业运转提供了人才保障，为创新活动提

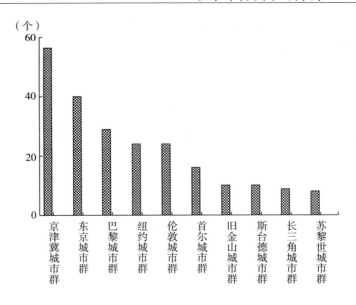

图 3-6　世界 500 强企业总部分布

资料来源：《财富》杂志 2018 年 7 月城市地区排名。

供了活力；②城市群的教育资源相对集中，高等院校、科研院所为创新活动提供
了源源不断的人才支撑；③城市群优化了产业结构，疏解了传统的高能耗、高污
染、低效率的企业，引入高科技企业，实现了不同区域资源共享与资源的优化配
置，提高了区域产业的高度；④城市群有助于增加企业资本数量，提高投融资额
度，促进经济快速发展，为创新发展奠定基础；⑤城市群通过加强不同区域间的
协同合作，可加强企业间的联系，提高企业间的交流频率，促进人与人之间的交
流和思想的碰撞，提高区域开放力度，为创新活动提供自由开放的发展条件；
⑥城市群发展中政府在产业政策、保护中小企业利益等方面提供优惠政策，创造
健康良好的政策环境，为城市创新活动提供制度保障。

　　2020 年，日本全国的总人口同比减少 0.21% 至 1.27 亿人，东京城市群人口
占日本总人口的 28.73%，占比持续上升。东京圈中，东京都人口同比增长了
0.76%，达到了 1374 万人，增长率最高，神奈川、埼玉和千叶三县的增长率仅
为 0.2% 左右（见图 3-7）。

　　巴黎城市群具有强竞争力集群，在可持续发展、商业航空发动机与设备、竞
争力与数码转化、香水化妆品、橡胶与聚合物工业、金融服务、高科技、汽车、
软件与数码产品九大竞争力集群中，有将近 4000 个成员，包括 3230 家公司，

500 多个实验室和教学机构，2046 个项目及 77 亿欧元的总资助资金。巴黎城市群的研发人员总数超过了 15 万人，在欧洲各城市群中居于首位，其中研究人员占比为 68%。2013 年，巴黎城市群研发经费支出为 243 亿美元，占法国 GDP 的 39%，占欧盟总 GDP 的 6.8%，可见城市群发展对科技的重要性。2019 年，伦敦大区研究人员总量虽然少于巴黎城市群，仅有 53327 人，但研发人员比例达 77%，远高于巴黎城市群（见图 3-8）。表明城市群的空间格局有助于高创新能力的产业集聚。

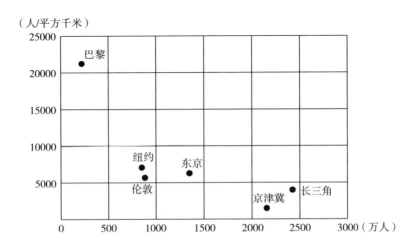

图 3-7　各大城市群人口密度

资料来源：2020 年美国商务部经济分析局、日本政策研究室、《中国统计年鉴》。

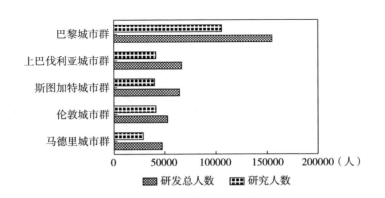

图 3-8　欧洲各城市群研发人员和科研人员分布

资料来源：2019 年欧洲统计局。

全球独角兽公司分布在全球 24 个国家的 118 个城市。2020 年，中国以 206 家独角兽企业超过了美国的 203 家独角兽企业，中美两国独角兽企业总量占全球总量的 80%以上。从城市尺度来看，独角兽企业主要分布在科教能力、创新能力和投资活力均较高的区域。北京拥有 82 家独角兽企业，成为全球独角兽之都，遥遥领先于旧金山的 55 家，上海市、杭州市、深圳市、南京市分别排在第 3、第 5、第 6、第 7 名，伦敦排在第 9 名，巴黎排在第 18 名，在前七大城市中，中国占了 5 个（见图 3-9）。独角兽企业越是集中的城市，越容易吸引或催生更多的独角兽企业。

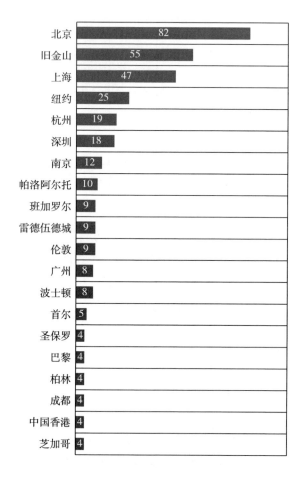

图 3-9 世界主要城市独角兽数量分布（家）

资料来源：2020 胡润全球独角兽榜。

第二节　传统地理空间视阈下四个城市群空间结构演化

基于产业空间格局形成的城市群空间结构受空间距离的影响较大，城市间的联系度与空间距离有关，节点城市距离中心城市越远，节点城市间的联系度越弱，节点城市的等级越低（胡酒武，2017）。传统地理空间视阈下城市间的联系受物理距离的影响更大，从而掩盖了一些节点城市的功能和作用，对促进区域协同发展具有制约性。为了探究传统地理空间视阈下城市群的空间结构及与区域协同间的关系，本节首先对比分析了不同城市群的空间功能格局，进一步探究了这种空间功能格局与城市群区域协同发展间的关系，最后引入流空间的概念，对城市群的网络结构进行测算。

一、四个城市群的概况

（一）选择依据

不同地区的城市群具有不同的发展水平。根据清华大学中国新型城镇化研究院发布的《中国都市圈发展报告2018》，中国城市群根据发展程度可分为四类：第一类，成熟型城市群，包括长三角城市群和粤港澳大湾区城市群；第二类，赶超型城市群，包括京津冀城市群和成渝城市群；第三类，成长型城市群，包括以中原城市群为主的12个城市群；第四类，培育型城市群，包括中西部地区的城市群（见表3-4）。由于培育型城市群仍处于发展阶段，并且这些地区之间的协同效应通常尚未出现，因此本书未选择培育型城市群。由于缺少粤港澳大湾区的数据，因此该城市群未包括在研究对象之内。

表3-4　城市群的层级分类

分类	城市群	中心城市
成熟型	长三角城市群	上海、南京、杭州、合肥
	粤港澳城市群	广州、深圳
赶超型	京津冀城市群	北京、天津
	成渝城市群	成都、重庆

分类	城市群	中心城市
成长型	关中平原城市群、山东半岛城市群、海峡西岸城市群、长江中游城市群、辽中南城市群、中原城市群、滇中城市群、哈长城市群、苏南城市群、长株潭城市群、江淮城市群、晋中城市群	西安、青岛、厦门、武汉、沈阳、长沙、大连、中原、福州、昆明、济南、哈尔滨
培育型	呼包鄂榆城市群、黔中城市群、宁夏沿黄城市群、兰西城市群、北部湾城市群、乌昌石城市群	呼和浩特、南昌、贵阳、宁夏、兰州、西宁、乌鲁木齐

综合考虑每个城市群的发展水平、区位因素和数据可得性，本书选择的四个城市群分别是长三角城市群、京津冀城市群、成渝城市群和中原城市群。长三角城市群属于成熟型城市群，位于东部沿海；京津冀城市群和成渝城市群属于赶超型城市群，分别位于华北地区和西南地区，其中，京津冀城市群是国家重点打造的世界级城市群，更具有典型性；中原城市群属于培育型城市群。本书选择的四个城市群代表了中国城市群所处的不同发展阶段，在区位上具有差异性。研究这四个城市群的产业空间格局进而分析其城市群空间结构，对了解传统城市空间结构与区域协同的关系具有指导意义。

（二）研究区概况

北京市是中国的政治文化中心，其经济增长迅速，发展水平高，位居中国前列。京津冀城市群在北京市、天津市、河北省范围内（见表3-5），面积为21.5万平方千米。根据2022年《中国统计年鉴》《北京统计年鉴》《天津统计年鉴》《河北统计年鉴》可知，2021年，京津冀城市群共有人口为1.12亿，北京市常住人口为2188万，人均GDP为6.80万元；天津市常住人口为1373万，人均GDP为3.71万元；河北省常住人口为7448万，人均GDP为2.35万元。在就业方面，2021年北京市就业人数达1738万，其中，第三产业就业人数比例为81.6%，其次是第二产业，为14.7%，第一产业从业人口仅为总人口的3.7%。2021年，天津市从业人数为1330万，从业人口比例同样按三、二、一产业呈递减趋势，第三产业从业人数占比达60%，第一产业从业人数最少，占比为7%。2021年，河北省就业人数为4207万，占总人口的56%，其中城镇就业人数为1294万，占就业总人数的31%，河北省整体就业率远低于北京和天津，从业人员主要集中在乡镇。2021年，京津冀城市群地区生产总值为9.6万亿元，其中北京市GDP为4.03万亿元，占总量的42%；天津市

GDP 为 1.57 万亿元，占总量的 16%；河北省 GDP 超过北京市，达到了 4.04 万亿元，占总量的 42%。在北京市的一、二、三产业中，第三产业占主导地位，第三产业产值占北京市总产值的 81%。医药制造业、房地产业、金融业、信息技术产业是主要的优势产业，2021 年的增速达到了 6.6%。2021 年，天津市一、二、三产业的比重为 1.2∶40.8∶58.0，第三产业增加值为 1.08 万亿元，相比 2020 年增长了 6%。天津市新经济发展迅猛，全年规模以上战略性新兴产业增加值增长了 3.9%，高技术产业增加值增长了 10.4%，高端制造业如太阳能电池、智能机器人等发展迅速。河北省一、二、三产业的比重由 2012 年的 11.9∶52.9∶35.2 调整为 2021 年的 9.8∶48.4∶41.8，第三产业比重不断加大，但工业仍占主导地位。整体来看，北京市和天津市都处于后工业时代，以服务业为主，而河北作为保障北京市、天津市发展的"后花园"及北京非首都功能疏解的重要承载地，其产业仍以工业为主，整体发展水平与北京市、天津市存在较大差距。

表 3-5　四大城市群范围分布

城市群 （层级类型）	区位	范围	
京津冀城市群 （赶超型）	华北	北京 （1 个）	北京市
		天津 （1 个）	天津市
		河北 （11 个）	石家庄市、保定市、廊坊市、唐山市、张家口市、承德市、秦皇岛市、沧州市、衡水市、邯郸市、邢台市
长三角城市群 （成熟型）	东部	上海 （1 个）	上海市
		江苏 （9 个）	南京市、无锡市、常州市、苏州市、南通市、盐城市、扬州市、镇江市、泰州市
		浙江 （8 个）	杭州市、宁波市、嘉兴市、湖州市、绍兴市、金华市、舟山市、台州市
		安徽 （8 个）	合肥市、芜湖市、马鞍山市、铜陵市、安庆市、滁州市、池州市、宣城市

续表

城市群 （层级类型）	区位	范围	
中原城市群 （成长型）	中部	河南 （18个）	郑州市、开封市、洛阳市、南阳市、安阳市、商丘市、新乡市、平顶山市、许昌市、焦作市、周口市、信阳市、驻马店市、鹤壁市、濮阳市、漯河市、三门峡市、济源市
		山西 （3个）	长治市、晋城市、运城市
		山东 （2个）	聊城市、菏泽市
		安徽 （5个）	淮北市、蚌埠市、宿州市、阜阳市、亳州市
成渝城市群 （赶超型）	西南	重庆 （27个）	渝中区、万州区、黔江区、涪陵区、大渡口区、江北区、沙坪坝区、九龙坡区、南岸区、北碚区、綦江区、大足区、渝北区、巴南区、长寿区、江津区、合川区、永川区、南川区、潼南区、铜梁区、荣昌区、璧山区、梁平区、丰都县、垫江县、忠县
		四川 （15个）	成都市、自贡市、泸州市、德阳市、绵阳市、遂宁市、内江市、乐山市、南充市、眉山市、宜宾市、广安市、达州市、雅安市、资阳市

长三角城市群是中国城市化程度最高的地区，是促进中国参与国际经济、社会和文化领域的核心领域，也是创新能力最强、开放程度最高的区域之一。长三角城市群是"一带一路"与厂家经济带的重要交汇地带，是中国现代化的重要平台，在国家现代化建设和全方位开放格局中具有重要的战略地位。长三角城市群以上海市为中心，覆盖了江苏省的南京市、无锡市、常州市、苏州市、南通市、盐城市、扬州市、镇江市、泰州市9个城市，浙江省的杭州市、宁波市、嘉兴市、湖州市、绍兴市、金华市、舟山市、台州市8个城市，安徽省的合肥市、芜湖市、马鞍山市、铜陵市、安庆市、滁州市、池州市、宣城市8个城市，面积为21.17万平方千米（见表3-5）。2021年，长三角城市群总人口为1.5亿，常住人口超过千万人的城市有3个，其中，上海市常住人口为2489万，人均GDP为17.4万元；杭州市常住人口为1220万，人均GDP为15.1万元；苏州市常住人口为1279万，人均GDP为17.8万元。在常住人口超过500万的城市中，浙江省有4个，江苏省有6个，安徽省有3个。在经济方面，2021年，长三角城

市群的地区生产总值为 27 万亿元，其中，上海市经济总量为 43214 亿元，占总量的 16%，相比 2020 年增速达 8.1%；南京市经济总量为 16335 亿元，占总量的 6%，与 2020 年相比增速达 7.5%；杭州市经济总量为 18109 亿元，占总量的 7%，与 2020 年相比增速达 8.5%；合肥市经济总量为 11412 亿元，占总量的 5%，与 2020 年相比增速达 9.2%。上海市、杭州市、南京市、合肥市 4 个城市的地区生产总值占长三角城市群地区生产总值的 34%。在产业方面，2021 年上海市第一产业增加值为 32.96 亿元，比 2020 年下降了 4.7%；第二产业增加值为 4989 亿元，比 2020 年增加了 17.3%；第三产业增加值为 15080 亿元，比 2020 年增加了 11.3%，医药制造业、金融业、信息技术产业是其主导产业。2021 年，南京市第一产业增加值为 30 亿元，占地区生产总值的 1.86%；第二产业增加值为 5902 亿元，占地区生产总值的 36.1%；第三产业增加值为 10148 亿元，占地区生产总值的 62.1%。2021 年，杭州市一、二、三产业的增加值分别为 94 亿元、1321 亿元和 3033 亿元。2021 年，合肥市第一产业投资额比 2020 年下降了 4.1%，第二产业同比下降了 17.1%，第三产业投资增速达到了 11%，比 2020 年上升了 24.6%。整体来看，长三角城市群中四个主要城市产业结构比例均以第三产业为主导，其中，合肥市产业结构的优化空间较大。

中原城市群位于我国中部地区，半径在 500 千米范围内，是城市群规模最大、人口最密集的城市群。中原城市群交通便利，工业化进程较快，是连接西部地区的核心枢纽，是中华文明和华夏文明的重要发祥地。根据《中原城市群发展规划》划定的范围，中原城市群包括河南省的郑州市、开封市、洛阳市、南阳市、安阳市、商丘市、新乡市、平顶山市、许昌市、焦作市、周口市、信阳市、驻马店市、鹤壁市、濮阳市、漯河市、三门峡市、济源市 18 个地级市，山西省的长治市、晋城市、运城市 3 个地级市，山东省的聊城市、菏泽市 2 个地级市，安徽省的淮北市、蚌埠市、宿州市、阜阳市、亳州市 5 个地级市，范围覆盖了 5 个省 30 个地级市（见表 3-5），面积为 28.7 万平方千米。2021 年，中原城市群总人口为 1.64 亿，其中，郑州市的常住人口达 1274 万，洛阳市的常住人口为 705 万，南阳市的常住人口为 971 万，邯郸市的常住人口为 951 万，菏泽市的常住人口为 873 万，其他城市的人口都少于 800 万。整体来看，河南省的人口主要集聚在郑州市、洛阳市和南阳市。在经济发展水平方面，2021 年，中原城市群地区生产总值达到 81266 亿元，其中，郑州市国民生产总值最高，达到了 12714 亿元，洛阳市国民生产总值为 5447 亿元，位居第二，邯郸市国民生产总值为 4114 亿元，位居第三。中原城市群形成了以郑州市、洛阳市为双核心的空间格局。在产业方面，中原城市群的产业结构得到了进一步优化。2021年，中原城市群第一产业增加值为8360亿元，与2015年相比，第一产业的生产总值占地区总产值的比重由12.1%降低到10.3%；2021年，中原城市群第二产业增加值为33385亿元，占地区生产总值的41.1%，与2015年相比，第二产业的生产总值占地区生产总值的比重减少了7.9%；2021年，中原城市群第三产业增加值为39521亿元，与2015年相比，第三产业的生产总值增加了17693亿元，占地区生产总值的比重由38.9%增加到48.6%。整体来看，第三产业成为拉动中原城市群经济增长的主要动力，中原城市群的综合实力得到明显提升。

成渝城市群是西部大开发的重要平台，是长江经济带的战略支撑，也是国家推进新型城镇化的重要示范区。成渝城市群以重庆市、成都市为中心，具体范围包括重庆市下辖的27个区县及开州市、云阳市的部分地区，四川省的成都市、自贡市、泸州市、德阳市、绵阳市、遂宁市、内江市、乐山市、南充市、眉山市、宜宾市、广安市、达州市、雅安市、资阳市15个地级市，面积为18.5万平方千米，占川渝总面积的30%。2021年，成渝城市群总人口为1.15亿，其中，重庆部分常住人口数量为3205万，四川部分常住人口数量为8367万。整体来看，成渝城市群中四川地区的人口更加集聚。经济方面，2021年，成渝城市群实现地区生产总值为73919亿元，人均GDP达53213元，与2020年相比，地区生产总值增长了8.5%，增速提高了4.5%，其中，四川部分地区生产总值达到了48060亿元，增长了8.5%，重庆部分地区生产总值达到25859亿元，增长了8.5%。在产业方面，2021年成渝城市群工业增加值达到了21272亿元，比2020年增长了约10%，增速比全国平均增速高0.4%。在服务业方面，2021年成渝城市群服务业增加值达到39465亿元，比2021年增长了9.3%，增速比全国平均增速高1.1%。

二、研究方法和数据来源

（一）研究方法

1. 区位熵

区位熵衡量的是某一地区某一要素的空间分布情况。计算公式为：

$$E_{ij} = \frac{q_i \big/ \sum_{i=1}^{n} q_i}{Q_i \big/ \sum_{i=1}^{n} Q_i} \qquad (3-1)$$

其中，E_{ij} 为区位熵，$q_i / \sum\limits_{i=1}^{n} q_i$ 为某个地区 i 产业的就业人数与该地区全部就业人数的比重，$Q_i / \sum\limits_{i=1}^{n} Q_i$ 为全部地区 i 产业的就业人数与总就业人数的比重，n 为产业的数量。

2. 空间功能分工指数

在本书中，我们使用有关生产者服务数量和制造数量的统计数据来计算城市功能专业化指数。

$$SF_i(t) = \frac{\sum\limits_{k=1}^{N} L_{ik}^m(t) / \sum\limits_{k=1}^{N} L_{ik}^p(t)}{\sum\limits_{i=1}^{M} \sum\limits_{k=1}^{N} L_{ik}^m(t) / \sum\limits_{i=1}^{M} \sum\limits_{k=1}^{N} L_{ik}^p(t)} \tag{3-2}$$

$$SF_t^I = \sum\limits_{i=1}^{M} W_{it}^I SF_i(t) \tag{3-3}$$

其中，$SF_i(t)$ 为 t 时期内 i 市的城市功能专业化指数；$\sum\limits_{k=1}^{N} L_{ik}^m(t)$ 为 i 市周期 t 内 k 个产业的生产服务业数量（包括管理/设计/研发）；$L_{ik}^p(t)$ 为 t 时期内 i 市约 k 个产业的生产数量；SF_t^I 为 t 时期 I 城市群的功能专业化指数；N 为行业类型的数量；M 为城市数；W_{it}^I 为城市群内城市的影响力。在本书中，我们使用经济比例来计算城市影响指数。如果 $SF_i(t) > 1$，则 i 城市在城市群承担研发作用；否则，将承担生产角色。

3. 协同度

基于 TOPSIS 综合评价方法，我们使用城市之间的欧几里得距离来计算协同度。具体步骤如下：

（1）去量纲：

$$正向效应：X'_{ijt} = \frac{x_{ijt} - \min_t X_{ijt}}{\max_t X_{ijt} - \min_t X_{ijt}} \tag{3-4}$$

$$负向效应：X'_{ijt} = \frac{\max_t X_{ijt} - X_{ijt}}{\max_t X_{ijt} - \min_t X_{ijt}} \tag{3-5}$$

其中，X_{ijt} 为系统 i 在时间段 t 内索引 j 的原始值；$\max_t X_{ijt}$ 为系统 i 在时间段 t 内索引 j 的最大值；$\min_t X_{ijt}$ 为系统 i 在时间段 t 内索引 j 的最小值；X'_{ijt} 经过无量纲分析后的相对值。

（2）计算欧几里得距离：

$$D_{it}^{+} = \sqrt{\sum_{j} (1 - X'_{ijt})^2} \qquad (3-6)$$

$$D_{it}^{-} = \sqrt{\sum_{j} (X'_{ijt})^2} \qquad (3-7)$$

（3）计算 t 时期的发展程度：

$$D_{it} = \frac{D_{it}^{+}}{D_{it}^{+} + D_{it}^{-}} \quad (0 < D_{it} < 1) \qquad (3-8)$$

（4）计算 t 时期的总发展程度：

$$D_t = \sum_{i} w_i D_{it} \qquad (3-9)$$

其中，w_i 为系统 i 在整个系统中的权重。

（5）计算综合协同度 A_{ij}。如果 $A_{ij} < 1$，j 驱动 i；如果 $A_{ij} > 1$，i 驱动 j；如果 $A_{ij} = 1$，则 i 和 j 相似。

首先进行归零的初始序列计算：

$$X_i^0 = (D_{i1} - D_{i1}, D_{i2} - D_{i1}, \cdots, D_{it} - D_{i1}) = (D_{i1}^0, D_{i2}^0, \cdots, D_{it}^0) \qquad (3-10)$$

$$|Y_i| = \left| \sum_{k=2}^{t-1} D_{it}^0 + \frac{1}{2} D_{it}^0 \right| \qquad (3-11)$$

$$|Y_i - Y_j| = \left| \sum_{k=2}^{t-1} (D_{it}^0 - D_{jt}^0) + \frac{1}{2} (D_{it}^0 - D_{jt}^0) \right| \qquad (3-12)$$

i 和 j 之间的绝对相关性为：

$$U_{ij} = \frac{1 + |Y_i| + |Y_j|}{1 + |Y_i| + |Y_j| + |Y_i - Y_j|} \qquad (3-13)$$

相对相关性 V_{ij} 可以通过将初始序列转换成绝对相关性来计算。

令 $X'_i = \left(\frac{D_{i1}}{D_{i1}}, \frac{D_{i2}}{D_{i1}}, \cdots, \frac{D_{it}}{D_{i1}} \right)$

$$V_{ij} = \frac{1 + |Y_i| + |Y_j|}{1 + |Y_i| + |Y_j| + |Y_i + Y_j|} \qquad (3-14)$$

综合协同度 A_{ij} 为：

$$A_{ij} = r U_{ij} + (1 - r) V_{ij}, \qquad (3-15)$$

发展度 D'_{it} 为：

$$D'_{it} = \sum_{j=1}^{k} w_i A_{ij} D_{jt} \qquad (3-16)$$

单一系统协同度 S_{it} 为：

$$S_{it} = \frac{|D_{it}|}{|D_{it}| + |D_{it} - D'_{it}|}$$　(3-17)

整体系统协同度 S_t 为：

$$S_t = \sqrt[k]{\prod_i^k S_{it}}$$　(3-18)

综合系统协同度 SD_t 为：

$$SD_t = \sqrt{S_t D_t}$$　(3-19)

（二）数据来源

本书数据来自国家统计局（NBS）官方网站，《中国城市年鉴》和 2009～2022 年中国主要省份的统计年鉴，包括北京、天津、上海、江苏、浙江、河南、安徽、山西、四川、重庆。根据先前的研究可知，研发和制造会影响功能专业化的类型。根据 2017 年国家行业分类（GB/4754-2017），制造业人数是每个城市采矿业、建筑业、制造业等的总人数；生产者服务业人数是科学研究和技术服务人员人数的总和。本书使用人均 GDP，经济增长和产业结构来分析区域经济水平，并使用人均图书持书量和人均公共交通设施来分析区域社会发展水平，并从发展程度、协同水平定量分析城市群空间功能分工与协同发展的关系。

三、结果分析

（一）四个城市群的空间分工结构逐步优化，区域差异正在缩小

2008 年，长三角城市群、京津冀城市群、成渝城市群和中原城市群的空间功能专业化指数分别为 1.112、1.0870、0.9478 和 1.0031（见图 3-10），表明长

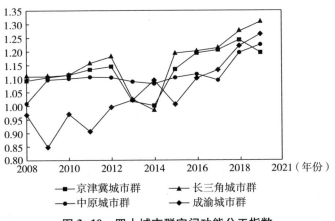

图3-10 四大城市群空间功能分工指数

三角城市群、京津冀城市群和中原城市群在产业链上已经形成空间功能专业化的局面。长三角城市群的空间功能专业化指数最高。京津冀城市群的价值比中原城市群的价值高近10%。成渝城市群的空间功能专业化指数值小于1，表明城市群的空间功能专业化尚未形成。

2021年，四大城市群的空间功能分工指数明显增长。长三角城市群、京津冀城市群、中原城市群和成渝城市群的空间功能分工指数分别增长了15.13%、10.24%、18.95%和26.27%。京津冀城市群的增长趋势与长三角城市群的增长趋势相似，并且两者在2012~2014年均呈下降趋势。2014年之后，空间功能分工指数开始上升，这意味着大都市区之间的研发竞争异常激烈。四个大都市地区功能专业化的区域差异呈总体下降趋势。2008~2011年，差异化有所扩大，并在2012年开始缩小。与2008年相比，四个城市群之间的差异化程度在2021年下降了44.89%。

本书将空间功能专业化指数分为三类：研发设计功能区（SF≥1）、核心制造功能区（0.5≤SF<1）和一般制造功能区（0≤SF<0.5）。

2008年，京津冀城市群的空间功能分工格局主要表现为单中心的空间结构。其中，研发设计功能城市仅有1个，为北京市；天津市、石家庄市、廊坊市和唐山市4个城市承担了城市群的核心制造功能；张家口市、承德市、秦皇岛市、保定市、沧州市5个城市属于一般制造功能区，整体上京津冀城市群呈单中心格局。随着与中心城市的距离增加，以北京市为中心，京津冀城市群中各城市的职能的重要性不断降低，逐步向研发设计——核心制造——一般制造的方向转变。其中，位于京津冀城市群北部的张家口市、承德市和东部的秦皇岛市受北京的辐射带动效应不显著。

2021年，京津冀城市群空间功能分工格局由单中心的空间结构变为双中心的空间结构。具体表现为，北京市和天津市发挥了研发设计功能区的作用；石家庄市、保定市、廊坊市、唐山市、沧州市、秦皇岛市均属于核心制造功能区；张家口市和承德市属于一般制造功能区，如表3-6所示。京津冀城市群空间功能分工格局的转变，说明在京津冀一体化原则下，产业向外疏解初见成效，京津冀城市群中城市间的联系度较2008年有所加强。

表3-6 京津冀城市群空间功能分工指数

城市	2008年分工指数（SF）	分工类型	2021年分工指数（SF）	分工类型
北京市	2.25	研发设计	2.75	研发设计

续表

城市	2008 年分工指数（SF）	分工类型	2021 年分工指数（SF）	分工类型
天津市	0.95	核心制造	1.85	研发设计
石家庄市	0.75	核心制造	0.91	核心制造
保定市	0.35	一般制造	0.88	核心制造
廊坊市	0.67	核心制造	0.84	核心制造
唐山市	0.72	核心制造	0.82	核心制造
秦皇岛市	0.15	一般制造	0.18	一般制造
沧州市	0.25	一般制造	0.76	核心制造
张家口市	0.35	一般制造	0.65	核心制造
承德市	0.28	一般制造	0.35	一般制造

2008 年，长三角城市群的产业空间功能分工格局为多点的金字塔式架构。其中，处于研发设计功能区的城市有 4 个，核心制造功能区的城市有 8 个，一般制造功能区的城市有 14 个。上海市、南京市、杭州市和合肥市 4 个省会城市（直辖市）承担了设计研发的功能。依靠优越的地理位置和较强的人才聚集能力，苏州市、扬州市、马鞍山市、常州市、无锡市、滁州市、安庆市、舟山市承担了核心制造功能。台州市、湖州市、盐城市、泰州市、南通市、镇江市、嘉兴市、宣城市、芜湖市、铜陵市、池州市、金华市、绍兴市、宁波市承担了一般制造功能。

2021 年，长三角城市群的空间结构没有改变，但不同功能区的城市数量呈动态变化。其中，属于研发设计功能区的城市有 4 个，分别是上海市、南京市、杭州市、合肥市；属于核心制造功能区的城市有 13 个，分别是滁州市、扬州市、镇江市、常州市、无锡市、苏州市、嘉兴市、马鞍山市、宣城市、池州市、安庆市、宁波市和舟山市；其余 9 个城市属于一般制造功能区。综合来看，长三角城市群的核心制造城市数量增加显著，表明功能的角色呈动态变化（见表 3-7）。

表 3-7 长三角城市群空间功能分工指数

城市	2008 年分工指数（SF）	分工类型	2021 年分工指数（SF）	分工类型
上海市	1.84	研发设计	1.96	研发设计
南京市	1.75	研发设计	1.82	研发设计
无锡市	0.84	核心制造	0.92	核心制造

续表

城市	2008 年分工指数（SF）	分工类型	2021 年分工指数（SF）	分工类型
常州市	0.72	核心制造	0.82	核心制造
苏州市	0.79	核心制造	0.88	核心制造
南通市	0.21	一般制造	0.33	一般制造
盐城市	0.28	一般制造	0.32	一般制造
扬州市	0.81	核心制造	0.87	核心制造
镇江市	0.35	一般制造	0.67	核心制造
泰州市	0.16	一般制造	0.28	一般制造
杭州市	1.72	研发设计	1.81	研发设计
宁波市	0.37	一般制造	0.69	核心制造
嘉兴市	0.35	一般制造	0.71	核心制造
湖州市	0.29	一般制造	0.35	一般制造
绍兴市	0.32	一般制造	0.38	一般制造
舟山市	0.78	核心制造	0.86	核心制造
金华市	0.31	一般制造	0.37	一般制造
台州市	0.31	一般制造	0.38	一般制造
合肥市	1.27	研发设计	1.51	研发设计
芜湖市	0.34	一般制造	0.38	一般制造
马鞍山市	0.72	核心制造	0.81	核心制造
铜陵市	0.31	一般制造	0.34	一般制造
安庆市	0.71	核心制造	0.87	核心制造
滁州市	0.81	核心制造	0.82	核心制造
池州市	0.31	一般制造	0.78	核心制造
宣城市	0.36	一般制造	0.67	核心制造

　　2008 年，中原城市群空间功能分工结构呈"单中心金字塔"格局，如表 3-8 所示。其中，研发设计功能区共有 1 个城市，为郑州市；核心制造功能区共有 10 个城市，包括安阳市、菏泽市、新乡市、开封市、许昌市、商丘市、三门峡市、洛阳市、南阳市和信阳市；一般制造功能区的城市有 18 个，分别为邢台市、长治市、邯郸市、聊城市、鹤壁市、濮阳市、晋城市、焦作市、济源市、运城市、平顶山市、漯河市、周口市、驻马店市、阜阳市、亳州市、淮北市、宿州市。具有设计功能的城市仅有郑州市，距离郑州市较近的区域主要承担核心制造

功能。在中原城市群北部和南部，因远离郑州市中心城市，边缘的城市都承担一般制造业的功能。

表 3-8　中原城市群空间功能分工指数

城市	2008 年分工指数（SF）	分工类型	2021 年分工指数（SF）	分工类型
郑州市	1.72	研发设计	1.89	研发设计
开封市	0.89	核心制造	0.96	核心制造
洛阳市	0.88	核心制造	1.43	研发设计
南阳市	0.74	核心制造	0.82	核心制造
安阳市	0.75	核心制造	0.82	核心制造
商丘市	0.76	核心制造	0.45	一般制造
新乡市	0.78	核心制造	0.89	核心制造
平顶山市	0.25	一般制造	0.36	一般制造
许昌市	0.72	核心制造	0.41	一般制造
焦作市	0.45	一般制造	0.81	核心制造
周口市	0.35	一般制造	0.38	一般制造
信阳市	0.76	核心制造	0.79	核心制造
驻马店市	0.32	一般制造	0.58	核心制造
鹤壁市	0.32	一般制造	0.36	一般制造
濮阳市	0.45	一般制造	0.68	核心制造
漯河市	0.25	一般制造	0.33	一般制造
邢台市	0.36	一般制造	0.59	核心制造
邯郸市	0.31	一般制造	0.52	核心制造
三门峡市	0.74	核心制造	0.86	核心制造
济源市	0.15	一般制造	0.21	一般制造
长治市	0.36	一般制造	0.59	核心制造
晋城市	0.26	一般制造	0.31	一般制造
运城市	0.35	一般制造	0.72	核心制造
聊城市	0.36	一般制造	0.71	核心制造
菏泽市	0.74	核心制造	0.79	核心制造
淮北市	0.34	一般制造	0.36	一般制造
宿州市	0.38	一般制造	0.71	核心制造
阜阳市	0.25	一般制造	0.32	一般制造
亳州市	0.26	一般制造	0.54	核心制造

2021年，中原城市群的空间功能分工结构发生了很大变化，城市群空间功能分工结构从"单中心金字塔"格局变为"双中心金字塔"格局。郑州市、洛阳市成为研发设计功能区，极大地带动了城市群北部城市由一般制造向核心制造功能的转变；邢台市、长治市、邯郸市、聊城市、濮阳市、运城市、焦作市等城市的功能分工从一般制造业功能区转移到核心制造业功能区；鹤壁市、晋城市、济源市、商丘市、周口市、淮北市、阜阳市、漯河市、许昌市和平顶山市仍处于加工制造功能区。

2008年，成渝城市群只有1个城市承担了研发设计职能，为成都市；4个城市承担了核心制造职能，分别是重庆市、雅安市、南充市、达州市；11个城市承担了加工制造职能，如表3-9所示。

表3-9　成渝城市群空间功能分工指数

城市	2008年分工指数	分工类型	2021年分工指数	分工类型
重庆市	0.86	核心制造	1.52	研发设计
成都市	1.46	研发设计	1.62	研发设计
自贡市	0.35	一般制造	0.41	一般制造
泸州市	0.32	一般制造	0.39	一般制造
德阳市	0.36	一般制造	0.42	一般制造
绵阳市	0.41	一般制造	0.64	核心制造
遂宁市	0.25	一般制造	0.32	一般制造
内江市	0.29	一般制造	0.33	一般制造
乐山市	0.44	一般制造	0.65	核心制造
南充市	0.65	核心制造	0.79	核心制造
眉山市	0.39	一般制造	0.62	核心制造
宜宾市	0.32	一般制造	0.43	一般制造
广安市	0.33	一般制造	0.36	一般制造
达州市	0.65	核心制造	0.71	核心制造
雅安市	0.74	核心制造	0.79	核心制造
资阳市	0.36	一般制造	0.45	一般制造

2021年，成渝城市群的功能专业化结构没有明显变化。整体来看，只有重庆市、成都市处于研发设计功能区；绵阳市、乐山市、南充市、眉山市、达州市、雅安市处于核心制造功能区。尽管不同功能区域中的城市数量发生了变化，

但总体结构没有改变。研究表明，四个城市群的生产服务功能得到了加强，结构由单一中心转变为多个中心，这意味着不同的产业可以根据各自的特点进行集聚并加强区域专业化。城市群的城市在核心制造和加工制造功能的转变中竞争激烈。

（二）四个城市群的发展水平快速提升

2008~2021 年，长三角城市群、京津冀城市群、中原城市群和成渝城市群的发展呈稳定增长趋势（见图 3-11）。2008 年，长三角城市群的发展指数为0.3531，在四个城市群中是最高的。京津冀城市群的发展指数为 0.3420，高于中原城市群（0.3031）和成渝城市群（0.3276）。2021 年，长三角城市群、京津冀城市群、中原城市群和成渝城市群的发展指数分别为 0.6606、0.6325、0.5478 和 0.5314，均呈稳定增长趋势。

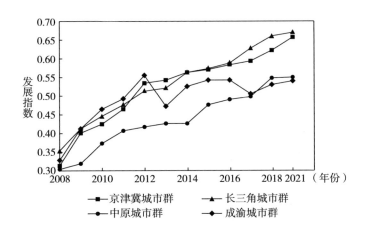

图 3-11　四个城市群的发展指数

从增长速度来看，长三角城市群的发展指数的年均增长率为 7.1%，京津冀城市群的年均增长率为 6.5%，中原城市群的年均增长率为 7.3%，成渝城市群的年均增长率为 5.6%。由于发展指标增长率的差异，四个城市群发展水平的差距进一步扩大。京津冀城市群与长三角城市群的差距最小。与成渝城市群相比，长三角城市群和京津冀城市群的发展水平最高。中原城市群的发展增速高于长三角城市群和京津冀城市群，这三个城市群之间的发展指数差距在缩小。

（三）城市群协同作用水平显著提高，区域之间的相对差异逐渐缩小

2008~2021 年，长三角城市群、京津冀城市群、中原城市群和成渝城市群的

协同程度存在明显的区域差异（见图3-12）。在四大城市群中，长三角城市群和京津冀城市群的协同指数最高，分别为0.8900和0.9000，并且以每年0.08%的平均速度稳定增长。与2008年成渝城市群的不一致情况相比，中原城市群的协同指数为0.5109，处于总体协同状态。2021年，中原城市群协同指数达到了0.7590，比2008年增长了48.56%。成渝城市群协同指数达到了0.5462，年均增长4.7%，由极度不协调转向一般不协调。结果表明，长三角城市群协同水平最高，增长速度最慢；成渝城市群协同水平最低，增长速度最快。

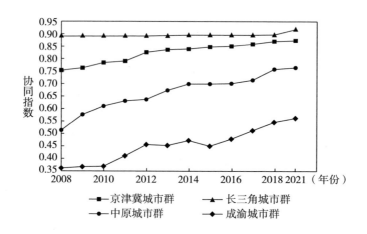

图3-12　四大城市群协同指数

（四）四个城市群综合协同度差距呈减小趋势

2008年，长三角城市群的综合协同发展程度为0.5389，在四个城市群中最高，如图3-13所示。京津冀城市群、中原城市群和成渝城市群的综合协同指数分别为0.3658、0.5254和0.3429。2021年，长三角城市群的综合协同指数为0.7689，是四个城市群中最高的；京津冀城市群综合协同指数为0.7634，仅次于长三角城市群；中原城市群综合协同指数是0.7034；成渝城市群的综合协同指数最低，仅为0.5273。与2008年相比，成渝城市群综合协同指数增幅达47.63%，中原城市群增幅仅为34.37%，是四个城市群中综合协同指数增幅最小的城市群。

整体来看，四个城市群的综合协同度演化趋势有两个特征：一是四个城市群的综合协同发展程度的增长率有显著差异，四个城市群之间的差异增加了42.80%；二是综合协同发展程度与发展程度之间的相关性存在区域差异。综合协

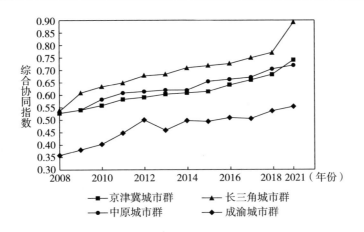

图 3-13　四大城市群综合协同指数

同发展程度与发展程度之间存在正相关关系。根据相关性分析结果,长三角城市群和中原城市群的综合协同发展程度与发展程度的相关系数分别为 0.93 和 0.95。京津冀城市群和成渝城市群的综合协同发展程度与发展程度的相关系数分别为 0.91 和 0.74,表明相关性与位置因素有关。

通过对我国四个典型城市群的产业空间功能分工结构演化可知,基于产业的空间结构在整体上仍然遵循"中心—边缘"理论的分布规律,节点城市在空间结构中的功能与距离中心节点城市的距离密切相关。无论是处于成熟型的长三角城市群,还是处于赶超型和培育型的城市群,研发设计和核心制造企业都布局在中心城市,随着距中心城市距离的增加,城市的产业功能由核心制造向一般制造转变。

在此基础上,本书对城市群的空间结构与区域协同间的关系进行了对比分析,结果表明,整体来看,各大城市群的协同度都呈上升趋势,但单一的以经济指标测算的协同度和综合环境、社会因素的综合协同度差异较大。同时,京津冀城市群的综合协同度增速不快。距离中心城市较远的节点城市在城市群空间结构中的功能没有完全体现出来,如何从多角度精确识别出不同节点城市在不同要素下具有的重要性,从而有针对性地对城市群空间结构发挥特定的功能,将有助于提高城市群的协同发展度。

在信息时代,节点城市间的联系不再单纯地依赖于交通网络,基于互联网形成的虚拟空间同样加强了节点间的联系,打破了物理空间距离对节点城市联系度的约束,这在传统地理空间结构中没有体现出来,因此,有必要从新的视角探究城市群空间结构，更好地识别节点城市的功能，进一步促进区域的协同发展。

第三节　流空间视阈下地理空间的转变

一、流空间在中国城市的转变

1. 流空间的尺度中国化

国外关于流空间的研究主要集中在基于全球尺度或国家尺度对航空流、信息流作用下的空间网络结构进行研究。我国受行政体系的影响，区域间的要素流动具有更明显的地域性和等级性。一般来说，行政区划内的要素流动强度要强于跨行政区划间的要素流动强度；由于资源整合受行政力量的影响较大，行政区域化的要素流动又以城市的行政等级按从高到低的顺序纵向流动。因此，在中国从流空间视角分析城市地理空间的特征和演化，应结合中国的行政体制特征，将研究尺度聚焦在功能区尺度（如省内、跨省的城市群或城市群范围内），才能更贴近实际反映流空间与地理空间的结合效应，揭示二者形成的城市网络空间结构的特征，对进一步区域发展可提出有现实意义的指导建议。

2. 流空间的主体中国化

国外关于流空间的研究主体主要集中在以服务业为主的信息流方面，中国仍处于工业化中后期，工业企业仍是发展的重点。因此，从流空间视角研究中国地理空间结构时，应兼顾与工业和服务业相关的流要素在节点城市中的流动。将节点间的企业等级、人口流动等作为研究对象。

3. 流空间的网络空间中国化

国外基于流空间构建的网络大多数都是针对大尺度下的航空网络、跨国公司网络等，中国行政体制的特殊性使研究流空间的网络空间对象必须有所调整。总体来看，在工业方面，主要基于企业在不同节点城市间的联系程度构建资金流网络空间结构；在服务业方面，主要从人口流动和对城市信息联系的角度构建人流和信息流网络空间结构。

二、流空间对地理空间转变的影响

区域内部不同城市间的关联度对区域整体的网络空间结构的形成具有直接影

响。场空间下区域内部的网络空间结构形成范式受到数据不足、效应滞后等因素的影响导致研究具有一定的不足，从流空间视角探究区域网络空间结构并不是对场空间下区域网络空间结构研究的否定，而是试图从新的视角将流空间结构与产业空间结构结合起来，通过分析区域内部各节点的产业集聚、空间关联等问题，构建更贴近现实的网络空间组织架构，充分发挥区域内各节点的作用，缩小区域间和区域内部的发展差距，实现区域的协同发展。借鉴传统模式下影响城市空间结构形成的影响因素，结合流空间新的视角，可以从尺度因素和社会因素两个角度进行分析。

（一）尺度因素

尺度因素主要从时间尺度和空间尺度两个方面对流空间下的城市群网络空间结构模式的特点进行分析。

从时间尺度来说，流空间下区域间联系的特点之一是具有高效性。在现代信息技术的支持下，区域间的各种流要素通过交通流线和网络流线实现快速传递。不同的要素传递所需的时间具有差异性，如人流、物流的流动需要依靠有形的交通路网实现，有形的路网使要素在城市间流动需要的时间相对较长，城市间的通达性与路网的连接度密切相关；信息流、交通流等流要素主要通过互联网等无形的网络流线在节点城市间进行流动，要素传输所需时间较有形路网所需的时间短，其流动时效与网络的承载力和通达性密切相关。无论是通过交通流线还是通过网络流线进行节点城市间流要素的传递，其时效性均与通达性相关。因此，在本书中关于流要素在时间尺度上的度量可通过可达性（如交通可达性）进行计算。

从空间尺度来说，在不同空间尺度下流的表现形式、表现的核心问题、研究的主要方法都有所区别，所以影响城市网络空间结构的因素也不同。例如，在全球尺度下，从流空间视角研究城市的网络空间结构主要从全球范围内城市间的关联度和位序结构特征进行分析，所用数据以航空流量数据为主，而不宜使用公路流量数据。在区域尺度上，研究流空间视阈下城市网络空间结构主要突出区域内各节点城市功能的扩散和区域空间的中心性，数据应采用公路流量数据、铁路流量数据。在城市尺度上，研究流空间视角下城市网络空间结构重点突出城市在规模上的变化、城市内产业的集聚扩散等问题，城市内部企业间的关联度测算主要以通勤流、公路流等要素为主。空间尺度越小，城市空间结构受地理环境的影响越大；空间尺度越大，节点间的相互作用越复杂，网络空间结构越复杂。本书以城市群为研究对象，在尺度上属于区域尺度，介于全球尺度和城市尺度之间，其内部节点间的联系紧密且复杂，构成的网络空间结构也较复杂。

（二）社会因素

从流空间与 ICT 的关系来看，服务业与信息技术背景下的网络空间构成具有紧密的耦合关系。流空间是在信息技术背景下提出的，与 ICT 技术密不可分，但二者不存在先后关系，不能认为没有 ICT 就不能形成流。早在传统的场空间范式下，城市间的联系就有流的存在，如城市间产业的联系及城市间的资金往来等，但由于受信息技术条件的限制，流主要存在于空间距离较近的区域内，受交通可达性的影响，人流、物流等流要素对节点城市间联系度的影响较小。随着科技创新和工业化进程加快，发达国家进入后工业化时代，生产性服务业在城市产业结构中占主导地位，依托信息技术生产性服务业对其他区域形成了较强的吸引力和辐射效应。因此，在产业方面，服务业与 ICT 技术间存在紧密的耦合关系。改革开放以来，我国经历了快速城市化进程，但工业仍是国家发展的重点，与发达国家不同，我国尚处于工业化中期，第二产业尤其是制造业在国民经济体系中占主导地位，因此，有必要从产业方面对中国城市群中的流要素与信息网络的耦合关系进行分析。

第四节　流空间视阈下城市群网络结构的模型测度

一、流强度模型

（一）引力模型

流是连接不同节点的媒介，节点间流要素流动的频率和强度反映了节点间的紧密程度。使用不同流要素测度节点间联系度采用的方法和数据不同，如对于人流、物流等要素可通过收集客运数据、手机信令数据等直接计算，但对于规模较小的城市这种数据的获取存在困难，且数据针对性较强，代表性不足。企业在区域间的联系度可通过信息流、交通流、技术流等要素进行度量，但获取企业总部数据存在一定难度，且仅以企业代表城市为依据也具有局限性。为了更全面地反映城市间的联系度，学者们提出将城市的属性数据通过模型转变成具有流向的流性数据来测算城市间的联系度，这种方法在构建复杂网络空间方面具有较强的代表性。

在将城市属性数据转为具有流向的流数据的模型选择中，最常用的有三种模型：信息辐射模型（汪筱阳，2016）、引力模型（关晓光、刘柳，2014）和 VAR

Causality 模型（安海彦、姚慧琴，2019）。其中，信息辐射模型主要针对信息流、技术流等依托非实体支持的网络流线，对物理空间距离的考虑不足，在揭示城市群内部节点在网络中的综合关联度方面存在不足；VAR Causality 模型主要从空间尺度进行区域内节点间的联系度测算，不能从时间序列上反映节点间关联度的演化趋势；引力模型综合考虑了时间尺度、空间尺度及物理空间距离对节点城市间关联度的影响，既能揭示不同时间段内区域内节点间联系度的演化趋势，又能灵活地调整节点间的距离，将物理空间距离和信息技术下的虚拟距离相结合，更真实地反映节点间的关联度。因此，本书选用引力模型度量节点间的关联度。

引力模型又称重力模型，是在牛顿万有引力模型的基础上演变而来的，是学者们普遍采用的用于揭示中心城市对周边城市辐射能力和集聚能力的重要方法。引力模型中城市间的联系强度与两个城市的"质量"成正比，与两地间的距离成反比，具体公式如下：

$$F_{ij} = K \frac{Q_i Q_j}{d_{ij}^{\ r}} \tag{3-20}$$

其中，F_{ij} 为区域 i 与区域 j 之间的联系强度；K 为常数，通常取 1；d_{ij} 为区域 i 和 j 之间的距离，r 为距离摩擦系数，在本书研究范围内 r 取 2。$Q_i Q_j$ 分别为 i、j 区域的质量（王玉海、张鹏飞，2019）。

为了测算节点城市的重要性，本书采用节点城市的总联系强度作为衡量节点城市对其他节点的引力指标，总联系度是指一个节点城市与所有节点城市间的联系度的总和，具体公式如下：

$$F_i = \sum_{j=1}^{n} F_{ij} \tag{3-21}$$

其中，F_i 为区域 i 的总联系强度，F_{ij} 为区域 i 与区域 j 之间的联系强度，n 为与区域 i 有关联度的区域个数。

传统的引力模型存在两个不足：其一，选取单一指标作为城市质量不能准确地反映城市的整体发展水平；其二，在现代交通设施完备的背景下，城市间的联系是通过不同交通方式实现的，仅通过城市间的直线距离进行城市引力的测算不能准确地反映城市间的关联度随距离衰减的现象（王玉海、张鹏飞，2019）。因此，需要以时间距离代替传统的直线距离来度量城市间的联系。首先通过构建城市发展指标体系；其次通过主成分分析、载荷矩阵和累计贡献率得到能反映城市发展特征的城市质量；最后根据引力模型计算城市间的联系度（王玉海、张鹏飞，2019）。

关于节点间的距离，既受节点间物理空间距离的约束，又受信息技术带来的虚拟网络空间距离的约束。经济是通过虚拟空间距离联系节点的一种流要素，节点间的经济联系与节点间的距离存在关联，综合考虑，本书用节点间的物理空间距离与两地人均GDP差值的乘积来代替节点间的距离，可以更真实地反映节点间的距离。因此，修正后的引力模型表达式为：

$$F_{ij} = K \frac{\sqrt[4]{P_i I_i S_i R_i} \times \sqrt[4]{P_j I_j S_j R_j}}{d_{ij} \times (g_i - g_j)} \tag{3-22}$$

其中，P_i和P_j分别为城市i和j的人口数，I_i和I_j分别为城市i和j的工业总产值，S_i和S_j分别为城市i和j的服务业增加值，R_i和R_j分别为城市i和j的财政收入，g_i和g_j分别为城市i和j的人均GDP，d_{ij}为城市i和j间的空间距离。

在传统的引力模型研究中，许多学者使用单一指标（如城市人口数量、城市国民生产总值等）衡量城市质量，用以分析区域间的关联度，虽然这些指标能在一定程度上反映城市的人口变化和经济发展水平，但存在片面性，不能完全反映城市的综合水平（王玉海、张鹏飞，2019）。城市是一个集社会、经济、环境、资源等于一体的综合性空间，其核心是人的聚集，城市发展的综合水平反映了人的生活、生产能力。因此，城市质量指标体系的选取应该能体现城市规模、人口规模、产业结构、社会发展和基础设施水平。按照指标体系构建可行性、系统性、综合性原则，基于数据的可得性，借鉴前人关于不同尺度下区域综合能力的相关研究，本书选取了3个维度共24个指标构建城市质量指标体系（王玉海、张鹏飞，2019）（见表3-10）。

表3-10 城市质量指标体系

一级指标	二级指标	单位
经济发展水平	GDP总量	万元
	人均GDP	元
	GDP增长率	%
	规模以上工业增加值	万元
	固定资产投资	万元
	财政收入	万元
	实际利用外资率	%
	社会消费品零售总额	万元
	第三产业比重	%

续表

一级指标	二级指标	单位
社会发展水平	普通高校数量	所
	高校在校学生数	人
	就业人口	人
	每百人公共图书馆藏书	本
	邮电业务总量	万元
	互联网用户总数	万户
	医院床位数	张
	基本医疗参保人数	人
基础设施发展水平	万人公共汽车台数	辆
	路网密度	千米/平方千米
	年末实有公共汽车运行数	辆
	建成区绿化率	%
	建成区面积	平方千米
	用电量	万千瓦·时
	货运总量	万吨

基于主成分分析法得到影响城市质量的主要因子，然后利用载荷矩阵和累计贡献率确定各主要影响因子的权重，以此计算城市质量。为计算方便，将城市质量得分范围控制在（0，100），具体方法如下：

$$X_i = Y_i + (1 - Y_{min}) \qquad (3-23)$$

$$M'_i = \left(\frac{X_i}{X_{max}}\right) \times 100 \qquad (3-24)$$

其中，X_i 为城市 i 的综合质量初步修正得分，X_{max} 为所有城市初步修正得分中的最大值，Y_i 为城市 i 的综合质量得分，Y_{min} 为所有城市中综合质量得分的最小值，M'_i 为城市 i 的最终修正得分。

（二）城市流强度模型

引力模型反映了两城市间关联度的强弱，城市流模型则反映流要素在网络空间中不同节点城市间形成的有向性流动现象，反映了节点城市与其他区域间的联系度的强弱。城市流强度指能为节点城市在网络联系中提供的全部外向功能的总和，城市流强度与节点城市的功能定位及其集聚能力、辐射能力相关。节点城市的外向功能指流要素的扩散功能，由节点城市的区位熵确定。计算公式如下：

$$F_i = N_i \times E_i \tag{3-25}$$

$$E_i = \sum_j E_{ij} \tag{3-26}$$

$$E_{ij} = G_{ij} - G_i(G_i/G) \tag{3-27}$$

$$N_i = \frac{GDP_i}{G_i} \tag{3-28}$$

其中，F_i 为 i 城市的城市流强度，N_i 为 i 城市的城市功能效益，E_i 为 i 城市的外向功能总和，E_{ij} 为 i 城市 j 行业的外向功能值，G_{ij} 为 i 城市 j 行业的从业人数，G_i 为 i 城市总从业人数，G 为全国从业总人数。

节点城市对外辐射能力与城市间人员流动相关，本书采用产业从业人员的区位熵来表示节点城市的外向功能，计算公式如下：

$$L_{ij} = \frac{G_{ij}/G_i}{G_j/G} \tag{3-29}$$

其中，L_{ij} 为 i 城市 j 行业的区位熵，当 $L_{ij}>1$ 时，说明 i 城市 j 行业的从业人数大于该行业在全国的平均从业人数，说明 i 城市 j 行业对其他节点城市具有较好的辐射效应，该节点城市的 j 行业具有外向功能；当 $L_{ij}<1$ 时，说明 i 城市 j 行业的从业人数小于该行业在全国的平均从业人数，该节点城市的 j 行业外向功能较弱。

二、个体网络指标

个体网络空间特征是指城市群内各节点城市在网络空间中具有的特征，一般用节点城市的点度中心度、出度、中间中心度、接近中心度等指标表示。

（一）点度中心度

点度中心度是通过测量与某一节点城市直接联系的节点数并根据联系度赋予权重，从而反映该节点在网络中相对于其他节点所处位置的中心程度。通常，点度中心度值越大，说明该节点在网络中与其他节点间的联系越紧密，则该节点城市越处于网络空间结构中的核心位置，计算公式如下：

$$C_i = \frac{\sum_{j=1}^{n}(t_{ij} + t_{ji})}{\sum_{i=1}^{n}\sum_{j=1}^{n}t_{ij}} \tag{3-30}$$

$$C_1 = \sqrt[4]{P \times GDP \times CS \times IV} \tag{3-31}$$

其中，P 为城市 i 的总人口，GDP 为地方生产总值，CS 为社会消费品零售总额，IV 为固定资产投资完成额。

（二）出度

出度是指以城市 i 为起点，到网络中其他节点的联系度总和。节点城市的出度值越大，说明节点对其他节点的辐射效应越强。计算公式如下：

$$O_I = \frac{1}{T_{ij}} \tag{3-32}$$

其中，O_I 为城市 I 的出度，T_{ij} 为城市 i 到城市 j 的联系度。

（三）中间中心度

中间中心度测量的是某节点在多大程度上能成为其他节点联系的中介，该值越大表明该节点在网络中影响其他节点城市间联系紧密度的能力越强，该节点在网络空间结构中所处的中心位置程度越高，计算公式如下：

$$C_{bi} = \frac{\sum_{j<k} g_{jk}(i)/g_{jk}}{(N-1)(N-2)/2} \tag{3-33}$$

其中，g_{jk} 为节点 k 与节点 j 之间存在的短程线数目，g_{jk}（i）为节点 k 与节点 j 之间经过节点 i 的最短线程数目，N 为网络空间中的节点数。

（四）接近中心度

接近中心度是依据网络中各节点间的紧密度或距离而测量的中心度，是指节点城市在网络空间结构中不受其他节点的流要素的影响程度，接近中心度的值越小，说明该节点与网络空间结构中其他节点的关联度越低。接近中心度又分为绝对接近中心度和相对接近中心度，绝对接近中心度是指在固定网络结构中该节点与其他节点的关联度；相对接近中心度是指网络空间中最小的绝对接近中心度与该节点在网络中的实际绝对接近中心度的比。计算公式如下：

$$C_{ci} = \frac{N-1}{\sum_{j=1}^{n} d(i, j)} \tag{3-34}$$

其中，d（i，j）为节点 i 与节点 j 的短线程距离，N 为网络空间中节点的数量。

三、整体网络指标

在网络空间结构中，节点间的要素流动具有方向性，要素在节点上的入度和出度直接影响着整体网络空间的网络密度、网络关联度、网络等级等，这些指标构成了网络空间结构的整体性特征。

（一）网络密度

在网络空间结构中，网络密度是表征区域内各节点紧密程度的重要指标，网络密度越大，则各节点间的关系越紧密，节点间的辐射效应越显著（杨兴柱等，2016）。网络密度的计算公式如下：

$$D_n = \frac{L}{N(N-1)} \tag{3-35}$$

其中，D_n 为网络密度，N 为网络空间结构中节点的数量，L 为网络节点的距离。

（二）网络关联度

网络关联度是反映网络空间结构稳定性的指标。在网络空间结构中，节点间的通达性越高，则网络空间结构越稳定。如果网络空间结构中不同节点间的联系都必须通过某一个特定节点才能连通，说明该节点对网络空间的贡献率最大，是应该重点关注的节点，基于此可以找出关键节点，网络关联度是通过节点间的可达性进行计算的。计算公式如下：

$$C = 1 - \frac{V}{N(N-1)/2} \tag{3-36}$$

其中，C 为网络关联度，V 为任意两个节点间联系度为 0 的数量，N 为网络空间中节点的数量。

（三）网络等级

网络等级反映了网络空间中各节点城市在支配地位上的差异性，网络等级越高，则说明中心节点城市支配周围节点城市的数量越多。计算公式如下：

$$H = 1 - \frac{K}{\max(K)} \tag{3-37}$$

其中，H 为网络等级，K 为网络中各节点城市间能对称可达的节点数。

四、聚类指标

网络空间结构中不同区域承担的角色和功能对促使整体网络空间结构稳定可持续发展具有重要意义。明确网络空间结构中各区域的角色和位置极其重要，目前应用比较成熟的方法是 Wolfe（1995）提出的块模型法，他指出，任何一个社会空间结构都可以根据不同特征简化为不同的板块，通过研究板块间的互动关系来揭示社会空间结构整体特征。Wolfe 等在怀特块模型的基础上，对网络空间结构内部节点间承担的角色和功能效应的评价指标体系进行了划分。

沃森南认为，假设某一个网络空间共有 j 个节点城市，可划分为若干模块，在模块 k 范围内，共有 m 个节点城市，根据排列组合可知，模块 k 内各节点间可能发生的总关联数目为 j-1，其内部所有可能发生的关联总数为 m(m-1)。计算某一节点城市的总联系度的期望比为 [m(m-1)]/[m(j-1)]，化解后结果为 (m-1)/(j-1)。根据计算结果可将节点城市在网络空间中的位置划分为四类：双向溢出模块、主溢出模块、主受益模块、经纪人模块（见表 3-11）。

表 3-11　块模型中的位置分类

位置内部的关系比例	位置接收到的关系比例	
	≈ 0	>0
$>(m-1)/(j-1)$	双向溢出模块	主受益模块
$<(m-1)/(j-1)$	主溢出模块	经纪人模块

块模型下的四种位置分类在关联度上具有不同的特征：当模块内部的关系比例大于某一节点位置与其他节点的总关系的期望比例时，若该模块接收到的关系比例大于 0，则属于主受益模块，说明该模块内的节点城市主要是接收其他节点城市的辐射效应，从该位置向外辐射效应较低，从要素的流动方向来看，主要体现为要素的集聚；若该模块接收到的关系比例近乎为 0，则属于双向溢出模块，说明该模块内的节点城市既与外部其他模块间的节点城市发生关联，又与该模块内部的节点城市产生辐射效应，整体上该区域的节点城市表现为向外辐射效应。

当模块内部的关系比例小于某一节点位置与其他节点的总关系的期望比例时，若该模块接收到的关系比例大于 0，则属于经纪人模块，该模块内的节点城市既向其他模块内的节点城市发出关联关系，即产生辐射效应，同时又接收由该模块以外的区域内的节点城市功能发出的关联关系，即集聚效应，而该模块内部节点城市间的关联度较少；若该模块接收到的关系比例小于 0，则属于主溢出模块，该模块内的节点城市向其他模块内的节点城市的辐射效应较强，但很少能接收到其他模块内的节点城市发出的关联关系，同时，该模块下的节点城市之间的辐射效应也很弱，整体来看，该模块表现为辐射扩散作用。

第五节　本章小结

本章对流空间和地理空间的相关概念进行了界定，通过对中国四个典型城市群的产业空间功能分工结构演化分析可知，产业的空间结构在整体上仍然遵循"中心—边缘"理论的分布规律，节点城市在空间结构中的功能与距离中心节点城市的距离密切相关。无论是成熟型的长三角城市群，还是赶超型城市群和培育型城市群，核心研发制造企业都布局在中心城市，随着与中心城市距离的增加，城市的产业功能由核心制造向一般制造转变。

在此基础上，本书对城市群的空间结构与区域协同间的关系进行了对比分析，结果表明，整体来看，各大城市群的协同度都呈上升趋势，但单一的以经济指标测算所得的协同度与考虑综合环境、社会因素测算所得的综合协同度差异较大。在信息时代，节点城市间的联系不再单纯依赖交通网络的联系，基于互联网形成的虚拟空间同样加强了节点间的联系，打破了物理空间距离对节点城市间联系度的约束，这在传统地理空间结构中没有体现出来。因此，有必要从新的视角探究城市群空间结构，更好地识别节点城市的功能，进一步促进区域的协同发展。

通过分析流空间与地理空间的关系，提出了从流空间视角探究城市网络空间结构的必要性，并将流空间的研究主体、网络空间与我国的实际情况进行了结合，提出了流空间的中国化。在分析影响流空间发展因素的基础上，分析了流空间视角下城市群的网络空间结构模型的指标，明确了流空间视角下城市群网络空间结构研究需要解决的问题，为后文构建城市群网络空间结构奠定了基础。

第四章 流空间视阈下京津冀
城市群网络结构

城市群是城市化进程中一种新的城市表现形式，是在新兴科学技术条件和社会经济活动共同作用下产生的，较好地体现了现实地理空间与虚拟网络流空间的结合。中国具有代表性的三大城市群分别为京津冀城市群、长三角城市群、珠三角城市群。其中，长三角城市群和珠三角城市群属于成熟型城市群，京津冀城市群属于赶超型阶段。研究城市群内部空间结构特征，有助于加强空间结构的稳定性和连通性。本章通过节点间的中心度及其相互联系来分析京津冀城市群内部节点的对外联系能力，提炼总结网络空间中的层级结构和空间格局特征，以便构建京津冀城市群网络空间结构，为京津冀协同机制分析和运转效应分析奠定基础。

第一节 研究区概况

2004 年，国家发展和改革委员会发布的《京津冀都市圈区域规划》是国家"十一五"规划中的一个重要区域规划，区域发展规划按照"8+2"的模式制定：包括北京、天津两个直辖市和河北省的石家庄、保定、秦皇岛、唐山、廊坊、沧州、张家口、承德 8 个地级市。旨在把京津冀城市群打造成"一核、双城、三轴、四区、多节点"的空间格局，即以北京市为核心，以北京市、天津市为双城，以形成京津、京保石、京唐秦三个产业发展带和城镇聚集轴，以中部核心功能区、东部滨海发展区、南部功能拓展区和西北部生态涵养区为四区，以石家庄市、保定市等各地级市为重要节点城市的空间格局。京津冀城市群发展中存在的主要问题有两方面：一是京津冀城市群经济发展整体水平有待提高；二是核心城市对区域发展的带动作用不明显。因此，选择京津冀城市群作为研究对象具有较好的现实意义。

一、社会经济发展

2021年，京津冀城市群实现地区生产总值 7.95 万亿元，其中，北京市 GDP 达到 3.03 万亿元，占总量的 38%，天津市占总量的 24%，河北省的 8 市占总量的 38%。在北京市的一、二、三产业中，第三产业占主导地位，第三产业增加值占北京市总产值的 81%。医药制造业、房地产业、金融业、信息技术产业是主要优势产业，2018年以 6.6% 的增速稳步增长。天津市 2021年一、二、三产业的比例为 1.2∶40.8∶58.0，第三产业增加值为 1.08 万亿元，较 2020年增长了 6%。全市新经济发展迅猛，全年规模以上战略性新兴产业增加值增长了 3.9%，高技术产业增加值增长了 10.4%，太阳能电池、智能机器人等高端制造业发展迅速。河北省一、二、三产业的比例由 2012年的 11.9∶52.9∶35.2 调整为 2021年的 9.8∶48.4∶41.8，第三产业比重不断提高，但工业仍占主导地位。整体来看，北京市和天津市都处于后工业时代，以服务业为主，而河北省作为保障京津发展的"后花园"及北京非首都功能疏解的重要承载地，其产业仍以工业为主，整体发展水平与京津存在较大差距。

二、京津冀城市功能定位

（一）城市定位

《京津冀都市圈区域规划》对京津冀各地的城市定位有了明确界定。北京市城市功能定位是国家首都、国际城市、宜居城市，重点发展第三产业，以交通运输及邮电通信业、金融保险业、批发零售及餐饮业为主。同时，要充分发挥大学、科研机构、人才高度密集的优势，与高新技术产业园区、大型企业相结合，积极发展高新产业，以高端服务业为主，逐步向外转移低端制造业。天津市城市功能定位是构建国际港口城市，北方经济中心和宜居生态城市，主要发展装备制造、生物医药、电子信息等先进制造业，并适当发展大运量的临港重化工业。河北省的城市功能定位是京津高技术产业和先进制造业研发转化及加工配套基地，承担为京津发展提供原材料、为人口疏解提供农业基地和旅游休闲基地的功能。

（二）交通定位

京津冀交通基础设施的建设和布局应遵循"保障、引导、优化、提高"的原则，实现交通与城市空间、经济、社会和环境的协同发展。在公路方面，京津冀城市群80%的城镇、人口和产业应在1小时内享受到高速公路的服务；在铁路方面，主要城市间建成城际客运专线或城铁，实现京津城际交通公交化；在民航方面，发挥首都机场和大兴机场的双机场优势，新建张家口机场和承德机场，与北京市、天津市、石家庄市、保定市等区域形成基础连片区；在港口方面，加强天津枢纽港的建设，扩建地方港口和能源港口，新建曹妃甸等工业港口。

（三）功能定位

2015年，中共中央、国务院印发了《京津冀协同发展规划纲要》，标志着京津冀城市群区域规划编制的顶层设计掀开了新的一页，反映出这一区域包括范围、功能定位及其城市间关系一直处在深刻的变动和激烈的竞争之中，折射出中国城市群形成演进的曲折进程。京津冀城市群的功能定位是"以首都为核心的世界级城市群、区域整体协同发展改革引领区、全国创新驱动经济增长新引擎、生态修复环境改善示范区"。京津冀城市群的演进反映了从初级城市化到高级城市化、从单个城市到城市群发展递进的必然规律，体现了地域差异的不同特色，反映了京津冀城市群的显著特点。首先，围绕首都功能的定位与非首都功能的摆放，是本区域城市群形成发展的核心。换言之，今后首都功能的优化将超越北京市、着眼京津冀全域进行全面布局。其次，京津冀三地行政区划范围不变，但在架构上进行空间布局调整。最典型的是雄安新区和北京城市副中心的设立，这成为撬动京津冀协同发展的支点。最后，以区域协同思路推动京津冀城市群的融合发展。相对于之前的"协调发展"和"区域一体化"，《京津冀协同发展规划纲要》更强调共同的发展目标和京津冀整体的共享发展与合作治理。

（四）历史使命

京津冀城市群协同发展是重大的国家战略，京津冀城市群将在国家层面、国际层面和区域层面发挥重要的历史作用。这一战略的核心是有序疏解北京非首都功能，调整经济结构和空间结构，走出一条内涵集约发展的新路子，探索出一种人口经济密集地区优化发展的模式，形成新的增长极。

在国际层面，京津冀城市群将跻身世界城市群行列，成为世界级城市群。当今世界经济格局显示，城市群、都市圈是经济集聚的载体高地。具体表现在，企业扩展为产业组织，并进一步演进为产业集群，单个城市也联动形成城市群、都市圈。一个个具有集聚效应的区域城市群，成为经济实力的实质支撑。京津冀城市群自然应该发挥城市群崛起的引领示范作用，面向未来打造世界一流的国家首都圈，无疑是京津冀协同发展战略的历史使命和宏伟目标。

在国家层面，京津冀城市群将打造高质量发展的新平台。京津冀城市群将成为中国新的经济增长极。中国经济在经历了改革开放 40 多年的高速增长之后，进入"调速换挡"追求高质量发展的新时代。这不只是发展速度的回归，也包括经济结构的调整，更包含着带动经济增长点的转变，以此促进发展方式的转型和体制机制的改革。京津冀城市群将成为中国区域整体协同发展改革引领区和国家区域治理现代化的首善区。中国高质量发展需要进行深刻的经济结构调整和发展方式的根本转变，需要改变以地方独立利益为核心的竞争模式，这就必须要进行更为大胆的改革探索。京津冀协同发展就是打破"一亩三分地"的思维定式和体制机制的束缚，探索跨区冲突治理、政府与市场调节相结合的新机制，为体制机制改革和形成区域发展模式提供示范引领。京津冀城市群将成为国家创新驱动中心区域，从要素驱动、投资驱动向创新驱动转变。建设创新型国家是中国实现"两个一百年"奋斗目标、实现中华民族伟大复兴"中国梦"的国家核心战略。京津冀创新驱动战略是一个复杂的系统工程，涉及技术创新、治理结构创新、制度创新等。

在区域层面，京津冀城市群将探索区域协同发展的新模式。京津冀城市群在区域层面的一个重要任务，就是构建新型"协同发展机制体系"。京津冀协同发展的实质在于产业分工合作，但产业分工不是三地产业的归类分类之后的"归大堆"，而是要从京津冀区域整体出发，在区域范围内以产业集群为基础进行区域产业空间再造，形成京津冀"齿合型"产业结构，通过纵横交错的网络关系形成紧密联系在一起的空间经济组织体系。目前，京津冀面临着环境恶化、水资源短缺等问题，这就要探索京津冀环境治理方式，尤其是区域内不同主体功能区之间的资源和生态补偿机制。通过自然资源共享，完善水资源互通共济、统一调配、永续利用的共享机制，统筹山、海、田、林、水等生态环境要素的资源协调体制，全环境污染联防联控合作机制等。通过加大公共基础设施建设，不断完善资源共享机制，建立合理的能源基础设施布局及区域能源体系。通过建立地区间生态补偿制度，构筑一体化的区域生态安全格局。探索区域多元利益主体参与下的区域公共治理模式，促进政府职能转型、深化地方行政体制改革。

京津冀协同发展战略的核心是有序疏解北京非首都功能，优化北京就业空间结构、公共资源配置空间结构将极大地缓解北京市人口、交通和环境压力，解决"大城市病"。要建立疏堵结合的体制机制，包括政府激励机制和市场推动机制两个方面。政府激励机制是指地方政府要有动力实施解决"大城市病"的产业疏解政策、公共资源共享政策等。市场推动机制是指在人口流动、交通拥堵和环境治理方面发挥市场调节机制的作用，通过价格引导资源的合理配置。京津冀协同发展必然要求市场一体化、构建区域产业链、协调环境治理与经济发展的关系，实现公共服务均等化。

第二节　京津冀城市群网络结构

本书第三章介绍了评价网络空间结构的特征指标，本节将综合考虑基于实体流线和非实体流线及流要素数据的可获取性，通过引力模型、城市流模型等方法，从资金流、人流、信息流等多个角度探究京津冀城市群范围内节点城市在网络空间结构中具有的层级结构和空间分布特征，基于此对京津冀城市群各节点城市进行等级划分。

一、构建多元流要素下的京津冀城市群网络矩阵

（一）资金流矩阵

资金流视角下的城市群网络空间结构是基于不同区域内的企业在经济联系过程中形成的网络空间与城市发展中形成的网络空间相耦合后形成的。分布于不同区域的总部分支企业通过企业内部间的经济联系形成了企业的网络空间结构。在信息技术的支持下，总部分支企业在规模上不断扩大，跨区域布局成为企业的主要趋势，从而推动了不同产业和资源在不同节点城市中的集聚。

在资金流的作用下，地理空间结构从传统的"中心—边缘结构"向复杂的网络空间结构转变，城市网络空间结构成为信息技术背景下区域可持续发展的新趋势。总部—分支企业的职能不同，企业总部一般分布在科技发达、创新环境好的中心城市，分支企业分布在次级中心城市，生产部门分布在成本低、劳动力密集的城市，因此，总部—分支的组织架构具有一定的等级性。当总部—分支企业与本地化的企业产生联系时，将形成新的分工关系，基于这种融合将摆脱行政边界对区域协同发展的束缚。从地理空间上来说，借助区域间的企业在资金上的联系形成资金流。从流空间视角揭示城市网络空间结构，就是将企业中的资金流网络空间与城市地理空间融合，形成能促使区域更好发展的城市网络空间结构。

本书使用的资金流数据用节点城市中企业间的资金流动数据替代（邹海利，2017）。企业数据是从华夏幸福产业研究院提供的企业大数据平台、北京市第二次经济普查企业名录、天津市第二次经济普查企业名录、河北省第二次经济普查

企业名录、企查查等获取的京津冀城市群生产性服务业企业数据。本书所用的企业数据是规模以上具有总部及分支机构的企业，采集时间为 2015 年 3 月和 2021 年 3 月，获取了京津冀城市群 3240 家生产性服务业企业数据，资金数据为生产性服务业企业间的投资额。本节将以资金流为研究对象探究京津冀城市群下的节点城市空间结构特征。

根据京津冀城市群企业数据，对企业总部和分支机构所在区域进行服务职能赋值，分别统计总部在同一城市各企业间的投资额并进行加总作为该城市与其他城市的联系值，分别汇总京津冀城市群内 10 个城市的联系值，得到 2015 年和 2021 年京津冀城市群节点城市企业间的资金流联系矩阵（见表 4-1、表 4-2）。

表 4-1　2015 年京津冀城市群节点城市企业间的资金流联系矩阵　单位：亿元

城市	北京	天津	石家庄	保定	廊坊	唐山	秦皇岛	沧州	张家口	承德
北京		1723	390	612	393	287	340	288	134	58
天津			104	463	214	126	112	223	4	16
石家庄				28	0	8	18	12	4	16
保定					0	2	0	65	0	0
廊坊						2	0	0	0	0
唐山							0	0	0	0
秦皇岛								0	2	0
沧州									0	0
张家口										39
承德										

表 4-2　2021 年京津冀城市群节点城市企业间的资金流联系矩阵　单位：亿元

城市	北京	天津	石家庄	保定	廊坊	唐山	秦皇岛	沧州	张家口	承德
北京		1923	430	712	433	317	335	291	254	78
天津			134	423	284	226	152	273	4	16
石家庄				38	4	8	18	15	5	16
保定					1	2	0	78	0	0
廊坊						3	0	0	0	0
唐山							0	0	0	0
秦皇岛								0	2	0
沧州									0	0

城市	北京	天津	石家庄	保定	廊坊	唐山	秦皇岛	沧州	张家口	承德
张家口										39
承德										

资料来源：企业大数据平台。

　　根据表4-1、表4-2可知，2015年，北京市与天津市的资金流联系度最高，达到了1723亿元，与保定市的资金流联系度次之，达612亿元，与石家庄市、廊坊市、唐山市、秦皇岛市的资金流联系度基本一致。天津市主要与北京市、保定市和廊坊市的资金流联系度较紧密。石家庄市主要与北京市、天津市和保定市的资金流联系度较高，与其他节点城市间的资金流联系度较低。2021年，北京市除与天津市、石家庄市、保定市、廊坊市、唐山市具有较高的资金流联系度外，与沧州市、秦皇岛市和张家口市的资金流联系度也有所上升；天津市除与北京市、保定市、廊坊市的资金流联系度较高外，与沧州市的资金流联系度也有较大幅度的提升。石家庄市与保定市、廊坊市、唐山市、秦皇岛市、沧州市、张家口市和承德市之间都有了直接的资金流联系，节点城市间的资金流联系度得到提升。

　　（二）信息流矩阵

　　Taylor（2010）指出，城市的发展离不开城市间在技术、人员、信息等方面的交流。在信息技术快速发展的背景下，城市间的联系借助非实体媒介得到加强，克服了空间距离对城市间联系的束缚。信息技术在加强城市间联系的同时，也在一定程度上影响了区域的网络空间结构的形成，Mitchelson 和 Wheeler（1994）通过对手机信令、外卖订单数据等多种互联网数据的分析探究了信息交流下城市空间结构的变化。甄峰等（2012）利用微博数据分析了中国城市网络结构在互联网下的特征。基于信息数据研究城市网络空间结构已成为当前的主要趋势。百度是中国最大的中文搜索引擎，其强大的中文数据库可帮助用户在短时间内获取大量所需信息，因此，通过分析用户对不同城市的关注度可以较好地揭示城市间的信息联系情况。百度指数通过获取互联网用户在一定时间内搜索某一城市的相关信息来反映人们对城市的关注度，基于百度指数可以较好地揭示不同节点城市间的信息联系程度。

　　本书通过获取京津冀城市群不同节点城市间的百度指数作为城市间信息联系的紧密度，通过不同节点城市间的信息联系强度分析京津冀城市群的节点层级结构和网络空间结构特征。本书采用的信息流数据为基于百度指数的 2015 年 3 月和 2021 年 3 月京津冀城市群内各节点城市间的用户关注度数据。关注的数据包括节点城市内所有的房屋、娱乐、休闲、餐饮、旅游等内容，基于地名查询功能获取节点城市间的"搜索指数"，即将在本节点城市用户关注到的其他节点城市的信息数量作为信息流入量；反之，将其他节点城市用户关注到本节点城市的信息数量作为信息输出量，构建城市群内节点城市信息流的 10×10 的联系矩阵（熊丽芳等，2013）。计算公式如下：

$$R_{ab} = A_b \times B_a \tag{4-1}$$

其中，R_{ab} 为城市 A 与城市 B 间的信息流强度，A_b 为城市 B 对城市 A 的用户关注度，B_a 为城市 A 对城市 B 的用户关注度。基于不同城市间的信息关联强度构建不同时期京津冀城市群信息流联系矩阵。

根据京津冀城市群各节点城市的用户关注度数据，利用式（4-1）计算各节点城市间的搜索指数，分别汇总京津冀城市群内 10 个节点城市间的联系值，得到 2015 年和 2021 年京津冀城市群节点城市间的信息流联系矩阵，如表 4-3、表 4-4 所示。

表 4-3　2015 年京津冀城市群节点城市间的信息流联系矩阵　　单位：个

城市	北京	天津	石家庄	保定	廊坊	唐山	秦皇岛	沧州	张家口	承德
北京		1328649	218940	738819	351625	504735	145262	124320	118656	102901
天津			132832	196583	447923	757940	89411	63345	54760	48530
石家庄				88711	25992	56028	57477	27742	16520	15030
保定					49765	74976	49456	37440	32450	18304
廊坊						121520	22098	19500	16614	14500
唐山							32398	31200	18672	15032
秦皇岛								22010	14440	10342
沧州									10160	9870
张家口										8208
承德										

表 4-4　2021 年京津冀城市群节点城市间的信息流联系矩阵　　单位：个

城市	北京	天津	石家庄	保定市	廊坊市	唐山市	秦皇岛	沧州市	张家口	承德市
北京		1516649	513620	824579	451574	712342	163421	132123	133243	114029

续表

城市	北京	天津	石家庄	保定市	廊坊市	唐山市	秦皇岛	沧州市	张家口	承德市
天津			331682	211453	497923	772398	114922	102353	72039	58099
石家庄				158254	31923	100593	71323	42942	29894	19083
保定					52743	80422	53982	53213	35938	20589
廊坊						143221	34852	32132	20492	19093
唐山							42134	39774	25394	19422
秦皇岛								27048	29088	13028
沧州									15398	10298
张家口										9980
承德										

根据表4-3、表4-4可知，2015年，北京市与天津市的信息流联系度最高，城市间的信息流联系度达1328649个。北京市与石家庄市、廊坊市、唐山市的信息流联系度较紧密，信息流联系度均在200000个以上。北京市与秦皇岛市、张家口市、沧州市、承德市的信息流联系度较弱。天津市除与北京市的信息流联系最紧密外，与石家庄市、保定市、廊坊市、唐山市的信息流联系度较紧密。石家庄市与唐山市、保定市、秦皇岛市联系较紧密。廊坊市与唐山市的信息流联系较紧密。2021年，北京市与石家庄市、廊坊市、唐山市的信息联系度有明显上升，信息联系度增幅超过100000个。天津市与石家庄市、廊坊市、沧州市的信息联系度进一步提升，增幅超过40000个。石家庄市与保定市的信息联系度增加了70000个。其他城市间的信息联系度增幅较小。

（三）人流矩阵

人流是指城市间的人口流动，人口的流动主要基于交通工具进行区域间的转移，主要交通工具有飞机、火车和汽车。考虑到人口在城市群范围内的流动采用最多的交通方式是铁路和公路，且受数据获取难度的制约，本书仅选择铁路（高速铁路、动车组列车、普通列车）的运载量作为节点城市间的人口数据（周婕等，2017）。

本书选择的数据主要基于12306软件获取城市间的铁路发行数量，以火车的平均运载力替代人流数据，选择的时间段和信息流一致，分别是2015年3月和2021年3月。获得的人口数据可以反映出节点城市人口的流入和流出情况。为了进一步揭示人口流入量和流出量在节点城市间的集聚效应，本书选用人口地理集中度表征人口在空间上的集聚情况，并据此构建人流联系矩阵。计算公式如下：

$$R_i(Pop) = \dfrac{Pop_i \Big/ \displaystyle\sum_1^n Pop_i}{S_i \Big/ \displaystyle\sum_1^n S_i} \qquad (4-2)$$

其中，R_i（Pop）为城市 i 的人口地理集中度，Pop_i 为城市 i 的总人口，S_i 为城市 i 的总面积。最终构建京津冀城市群人流联系矩阵。

从表4-5、表4-6可知，2015年，在人口联系度方面，北京市与天津市、保定市间的人口流动最紧密，人流地理集中度均在19万人以上，北京市与石家庄市、廊坊市、唐山市的人口地理集中度较高，集中度均在10万人以上；天津市与北京市、石家庄市、廊坊市、唐山市的人口地理集中度较高，集中度均在8万人以上；石家庄作为省会城市，在人流方面的辐射带动效应仅包括保定市、廊坊市和沧州市，对张家口市、承德市、秦皇岛市和唐山市的带动效应不明显。2021年，北京市与石家庄市、廊坊市、唐山市、沧州市在人口流动方面的集中度得到了较大幅度的提升，增幅在2万人以上，天津市与保定市的人口地理集中度得到明显增加，石家庄市的辐射范围仍然局限于位于京津冀城市群南部的节点城市。

表4-5 2015年京津冀城市群人流联系矩阵　　　　单位：万人

城市	北京	天津	石家庄	保定	廊坊	唐山	秦皇岛	沧州	张家口	承德
北京		20	15.7	19.1	13.5	11.8	7.7	7.4	1.8	1.4
天津			9.5	6.5	11.9	8.8	4.6	5.6	1.2	1.4
石家庄				8.3	6.1	4.3	4.4	6.3	0.8	0.6
保定					7.4	5.8	3.4	5.2	0.5	0.5
廊坊						5.2	2.3	3.9	0.4	0.2
唐山							1.6	3.2	0.2	0.5
秦皇岛								0.9	0.2	0.3
沧州									0.3	0.3
张家口										0.2
承德										

表4-6 2021年京津冀城市群人流联系矩阵　　　　单位：万人

城市	北京	天津	石家庄	保定	廊坊	唐山	秦皇岛	沧州	张家口	承德
北京		21.8	18.7	20.1	15.5	14.8	8.5	9.5	2.7	1.8

续表

城市	北京	天津	石家庄	保定	廊坊	唐山	秦皇岛	沧州	张家口	承德
天津			11.5	8.5	14.9	11.8	4.8	7.4	1.7	1.6
石家庄				13.3	10.1	6.5	5.2	7.1	1.3	0.7
保定					9.4	7.8	3.9	5.9	0.9	0.6
廊坊						6.1	3.8	4.2	0.6	0.3
唐山							2.6	3.8	0.5	0.5
秦皇岛								0.9	0.6	0.4
沧州									0.5	0.3
张家口										0.2
承德										

资料来源：12306 客运数据。

二、京津冀城市群流强度模型分析

（一）城市关联度分析

城市间的关联度反映了城市间联系的紧密程度。为了对京津冀城市群内各城市间的关系有一个宏观了解，本书首先对京津冀城市群内 10 个节点城市间的关联度进行了分析。本书采用的方法是修正后的引力模型，采用的数据是 2021 年京津冀城市群各城市的统计年鉴，具体有《北京统计年鉴》《天津统计年鉴》《河北统计年鉴》《河北经济年鉴》。根据城市质量评价指标体系确定不同节点城市的质量，最后结合修正后的两城市间的距离计算节点城市间的引力，从而获得无向加权网络，如图 4-1 所示。

整体来看，京津冀城市群内城市间的联系以北京市、天津市为核心呈辐射状，京津唐、京保石、京唐秦、京廊沧间联系最紧密。北京市、天津市和廊坊市间的联系度最高，其中，北京市、天津市间双向联系最强，二者间的联系度指数高达 27.74，体现了京津的双核作用；北京市、天津市与河北省的唐山市间的双向联系度在京津冀城市群所有节点城市中最高，联系度指数分别为 6.93、4.89，主要原因在于唐山市拥有丰富的资源，是重要的工业基地，为北京市、天津市的发展提供了充足的资源保障，因此其与北京市、天津市的联系紧密。

北京市除与天津市、唐山市的联系度较高之外，其与廊坊市的联系度高于石家庄市、保定市。而北京市与张家口市和承德市的联系度小于 1，说明北京市对其周边城市的辐射范围较小，带动周边城市发展动力不足。张家口市和承德市承

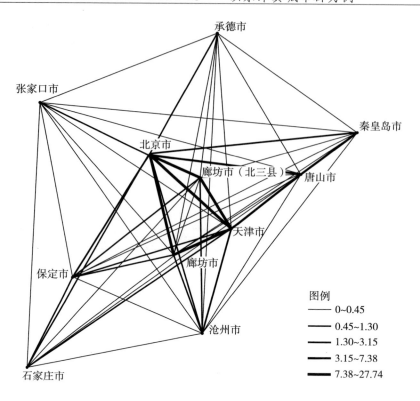

图 4-1　京津冀城市群联系度

担着京津冀生态涵养区的功能限制了其发展，缺少资源和企业优势，其与周边城市的联系度较低。受北京市"虹吸效应"的影响，天津市经济发展水平受限，加上受制度机制的影响，其与周边城市的联系度较低。

除北京市和唐山市外，天津市只与沧州市、廊坊市的联系度较强，辐射范围较小。与石家庄市的联系度较高的城市共有 2 个，分别是北京市、保定市。北京、天津、唐山、石家庄 4 个中心城市的对外辐射范围尚未完全覆盖京津冀城市群全域，应充分发挥中心城市的优势，加强区域联动，提高区域辐射带动作用（王玉海、张鹏飞，2019）。

（二）城市流强度分析

城市流强度是指能为节点城市在网络联系中提供的全部外向功能的总和，城市流强度与节点城市的功能定位及其集聚和辐射能力的大小相关。节点城市的外向功能指流要素的扩散功能，因此，本书首先测算京津冀城市群各节点城市的外向功能量，由此得到城市流强度。在此基础上，对比资金流、信息流、人流等不同流要素在城市群中的流强度，并对流向和流量进行测算，以此得到流空间下京津冀城市群的主要组织架构。

1. 京津冀城市群外向功能

根据对不同节点城市流的计算结果可知，京津冀城市群中还未出现一个节点城市在所有行业中都具有外向功能。节点城市中具有外向功能的行业仍以建筑业、制造业等为主，服务行业具有外向功能的城市数量较少，北京市、天津市具有外向功能的行业与河北省地级市具有外向功能的行业类型相反，说明尽管北京市和天津市已处于工业化中后期，以服务业发展为主，但京津冀城市群内部区域发展的差距较大，整体仍处于工业化中期水平，城市群内部节点城市间还没有在功能分工互补上取得成效。

整体来看，京津冀城市群结构体系不均衡问题突出。2021年，在京津冀城市群中，河北省的10个地级市的外向功能总量占全部外向功能总量的19%，其中，处于京津冀城市群外围的张家口市、承德市、沧州市和秦皇岛市的各类行业外向功能都偏低，造成该区域的发展动力不足（见表4-7）。

表4-7　京津冀城市群各行业外向功能量表

城市	制造业	建筑业	批发零售业	交通运输仓储和邮政业	住宿餐饮业	信息传输软件业	金融业	房地产业	租赁和商务服务业	科学研究服务业	卫生和社会服务业	文体娱乐业
北京	0.3	0.2	48.9	22.8	18.2	31.1	6.3	15.3	36.7	24.5	1.2	5.9
天津	45.4	2.8	5.8	5.4	8.9	9.9	0.3	1.2	1.9	3.7	0.2	0.3
石家庄	3.5	3.3	0.5	1.8	0.6	0.5	0.4	0.6	0.1	0.2	0.3	0.1
保定	5.2	6.6	0.4	0.7	0.2	0.3	0.8	0.4	0.1	0.1	0.3	0.2
廊坊	4.9	0.9	0.4	0.8	0.6	0.2	0.2	0.4	0.4	0.3	0.1	0.1
唐山	3.2	0.1	0.3	0.5	1.1	0.1	0.2	0.2	0.2	0.1	0.3	0.1
秦皇岛	2.3	0.1	0.2	1.3	0.2	0.1	0.3	0.2	0.1	0.1	0.1	0.1
沧州	0.3	0.2	0.1	0.5	0.2	0.2	0.2	0.5	0.2	0.1	0.1	0.1
张家口	0.1	0.2	0.2	0.1	0.2	0.1	0.1	0.1	0.1	0.1	0.1	0.1
承德	0.1	0.3	0.1	0.1	0.2	0.1	0.1	0.1	0.1	0.1	0.1	0.1

资料来源：历年《中国统计年鉴》《北京统计年鉴》《天津统计年鉴》《河北统计年鉴》。

外向功能大量集中在北京市和天津市及靠近北京市、天津市的石家庄市、保定市、廊坊市和唐山市，京津冀城市群中的功能倾斜问题严重。北京市和天津市具有外向功能的行业类别最多，分别有10个和9个，且都以生产性服务业为主。

其中，北京市在制造业和建筑业上的外向功能较低，在信息技术、科技服务业、金融业等行业上的外向功能较强；相反，天津市在制造业和建筑业等以第二产业为主的行业上的外向功能较强。石家庄市、保定市和廊坊市具有外向功能的行业数均在 5 个以上，且这些节点城市的职能比较单一，其制造业具有较高的外向能力，而其他行业的外向功能都接近于零。

从不同行业来看，制造业、建筑业、住宿餐饮业和租赁与商务服务业是京津冀城市群中大多数节点城市具有外向功能的四大行业，每个行业具有外向功能的城市数量都在 5 个以上，说明京津冀城市群内的城市在制造业、建筑业和住宿餐饮业方面的发展水平较高。

北京市各行业外向功能总量占京津冀城市群总量的 68%，说明北京市具有极强的资源集聚能力；天津市各行业外向功能总量占京津冀城市群总量的 13%，远高于河北省的各城市，但天津市具有外向功能的行业中建筑业和制造业占了较大比重，服务业类各行业的外向功能相对较弱，这与天津市的功能定位和城市量级不匹配，制约了天津市的发展。河北省内其他城市各行业的节点数量都少于 5 个，其中，金融业、信息传输软件和信息技术服务业、科学研究服务业、卫生和社会服务业、文体娱乐业 5 个行业的外向功能较弱，在这 5 类行业中具有外向功能的节点城市都低于 3 个，说明这些节点城市中这些行业的对外辐射能力较弱。

2. 流强度结果分析

引力模型反映的是不同节点城市间的无向联系程度，为了进一步分析节点城市对其他节点的辐射能力，本书采用城市流模型计算节点城市不同行业的对外辐射能力。根据前人的研究总结可知，节点城市的服务业具有较好的外向功能（黄经南等，2017），但京津冀城市群内部区域发展水平差异较大，仅通过服务业不能切实反映城市群内节点城市的对外联系水平。

因此，本书在测算城市群各节点城市外向功能时选择的行业包括国民经济行业中的 12 类行业，有制造业、建筑业、批发零售业、金融业、房地产业、住宿餐饮业、信息技术服务业、交通运输仓储和邮政业、租赁和商务服务业、科学研究和技术服务业、卫生和社会服务业、文体娱乐业。数据来自历年《中国城市统计年鉴》《北京统计年鉴》《天津统计年鉴》《河北统计年鉴》的面板数据。根据城市流计算公式——式（3-25）从城市流强度和外向功能两个方面进行分析。

根据城市流强度公式——式（3-25）计算得到京津冀城市群流强度与城市功能效益等级分布情况（见表 4-8）。从城市流强度分布来看，京津冀城市群网络空间结构按"2+4+2+2"分布，呈以北京市、天津市为核心向外围减弱的趋势。北京市和天津市城市流强度最高，流强度均在 2000 亿元以上，遥遥领先于其他节点城市，说明两者在城市群中对其他节点城市的辐射带动作用较强，属于第一层级城市。石家庄市、保定市、唐山市与廊坊市城市流强度在 200 亿元以上，属于第二层级城市。秦皇岛市、沧州市与北京市、天津市的空间距离较远，受到核心城市的辐射效应较小，城市流强度较弱，属于第三层级城市。张家口市和承德市属于京津冀城市群的生态涵养区，在城市发展方面以生态保护为主，第二产业和第三产业发展受到限制，与其他城市的经济联系较少，因此其城市流强度最低，不足 100 亿元，属于第四层级城市。

表 4-8　京津冀城市群流强度与城市功能效益等级分布情况

城市	流强度（亿元）	层级	外向功能量（万人）	外向功能排名	城市功能效益（万元/人）	城市功能效益排名
北京	6572.82	第一层级	298.51	1	63.45	6
天津	5126.48	第一层级	105.59	2	92.45	2
石家庄	452.49	第二层级	32.56	4	75.96	3
保定	430.12	第二层级	62.48	3	54.75	9
廊坊	391.52	第二层级	25.64	5	71.21	4
唐山	495.47	第二层级	11.36	7	136.15	1
秦皇岛	185.46	第三层级	14.36	6	63.29	7
沧州	165.78	第三层级	5.98	8	66.32	5
张家口	79.58	第四层级	2.56	10	62.13	8
承德	94.56	第四层级	4.98	9	52.38	10

资料来源：历年《中国统计年鉴》《北京统计年鉴》《天津统计年鉴》《河北统计年鉴》。

城市流强度与城市外向功能和城市功能效益直接相关。根据表 4-8 可知，北京市的城市流强度最大，城市外向功能总量最大，但城市功能效益在京津冀城市群中仅排到第 6 位，处于中等水平，主要是由于北京市的外向功能较强，导致资源过度集中。尽管北京市总体经济体量很高，但由于资源的过度集中，城市的"虹吸效应"增强，各行业的从业人员过度集中，导致人均效益比较低。

受北京市、天津市的影响，处于第二层级的石家庄市、保定市、廊坊市和唐山市的各行业人口集聚度较低，所以人均功能效益要高于北京市，因此第二层级城市的城市功能效益较高。处于第三层级和第四层级的城市由于功能定位的限制，导致其外向功能普遍较低，均小于 5，因此，城市流强度最低。整体来看，京津冀城市群内部发展差距较大，仅靠北京和天津的快速发展不足以带动区域的发展，必须实现城市网络的互联互通，实现城市群网络空间综合效益最优，才能保障区域的可持续发展。

（1）基于多元流要素的流强度分析。对京津冀城市群各节点城市的资金流、信息流和人流矩阵数据进行标准化处理，并进行综合分析。从整体来看，京津冀城市群各节点城市在资金流、信息流和人流方面的联系度空间分布趋势与城市群整体的城市流空间分布趋势大致相似：以北京市、天津市为核心，随着与核心节点城市距离的增加，节点城市间的联系度减弱，但不同流要素下河北省各节点城市的联系程度存在差异。为探究节点城市的层级分布差异性，本书根据各流要素联系度分布趋势，用自然断点法将京津冀城市群各节点城市的不同流要素联系强度分为四个层级：第一层级 [3, 7)；第二层级 [2, 3)；第三层级 [1.3, 2)；第四层级 (0, 1.3)。

从节点城市的各流要素的联系度分布情况来看（见表4-9），北京市和天津市的联系最紧密，资金流、信息流和人流的联系度都处于第一层级，是京津冀城市群的两大核心城市；廊坊市凭借与北京市和天津市较近的区位优势，在资金流和人流联系强度中处于第二层级，但是与北京市和天津市的联系流强度差距较大，北京市的资金流联系强度是 7.26，是天津市的 2.38 倍，是廊坊市的 3.61 倍；北京市的人流联系度是天津市的 1.71 倍，是廊坊市的 2.55 倍。廊坊市的信息流联系度则处于第三层级。

表4-9　京津冀城市群各流要素联系度层级分布

城市	资金流	层级	人流	层级	信息流	层级
北京	7.26	1	5.40	1	5.67	1
天津	3.05	1	3.16	1	3.40	1
石家庄	1.35	3	2.27	2	1.51	3
保定	1.12	4	2.02	2	1.54	3
廊坊	2.01	2	2.12	2	1.32	3
唐山	1.00	4	1.32	3	1.29	4
秦皇岛	1.01	4	1.13	4	1.16	4
沧州	1.40	3	1.12	4	1.08	4
张家口	1.10	4	1.04	4	1.03	4

续表

城市	资金流	层级	人流	层级	信息流	层级
承德	1.00	4	1.00	4	1.00	4

资料来源：由笔者计算得出。

石家庄市、保定市、沧州市和唐山市在不同流要素下其联系强度存在差异，其中，石家庄市作为河北省省会城市，在人流联系度上处于第二层级，而在资金流和信息流联系度上则处于第三层级，说明石家庄市的发展仍以传统工业为主，处于工业化中期，而新兴技术产业在石家庄市的发展空间还比较大。保定市在人流联系度上处于第二层级，主要是因为交通基础设施的完善缩短了北京—天津—保定间的通勤时间，促使北京市、天津市人口向保定市集聚和流动，但主要企业分布及信息联通仍集聚在北京市和天津市，二者对保定市的辐射作用不明显，因此保定市的资金流联系度处于第四层级，信息流联系度处于第三层级。

位于京津冀城市群北部的张家口市、承德市、秦皇岛市在资金流、信息流和人流方面的联系度都较低，处于第四层级，主要原因是城市群北部区域作为京津冀的生态涵养区，以生态保护为主，在企业发展、信息流通方面受到制约，因此，北部区域的节点城市联系度普遍较低。沧州市作为京津重要的工业疏解区，在资金流联系度上联系度较高，处于第三层级，但人流和信息流的联系强度还尚未显现，因此在人流和信息流联系度方面仍处于第四层级。

总体来看，京津冀城市群基于资金流、信息流、人流的联系度都呈现出由核心向边缘递减的趋势，但减弱的趋势具有差异性。在三种流要素联系度的空间格局中，第一、第二层级的城市大致类似，主要是北京市、天津市、廊坊市三个城市，但是第三、第四层级的城市变化较大，如石家庄市、保定市的人流联系度较高，而资金流和信息流的联系度较低，分别处于第三、第四层级；沧州市资金流联系度较强，而人流、信息流较弱；唐山市人流联系度较强，处于第三层级，而资金流、信息流联系系度较弱，处于第四层级。由此可见，相对于单一流要素的不确定性，多元流要素可以更好地揭示城市群内节点城市的网络空间格局。

京津冀城市群各层级节点城市的联系强度差距较大，而联系流层级结构与节点城市的空间位置和城市功能定位密切相关：距离核心城市近的节点城市受核心城市的辐射作用较强，基本处于第一、第二层级；与核心城市距离较远的节点城市受核心城市的辐射效应较弱，节点城市对外联系度基本处于第四层级；受区域功能定位的影响，节点城市联系度层级将有所变化，如沧州市作为首都工业疏解承接地，其企业联系度就比较高，廊坊市邻近北京市、天津市，成为重要的京、津人口疏解承接地，该地的人流联系度就比较高。

通过对节点城市不同流要素的联系度分析可知，虽然从流空间视角分析城市关联度可以减少空间距离对城市间联系的影响，但并不意味着可以忽略传统的场空间对城市间联系度的影响。因此，在构建城市群网络空间结构时要将流空间与场空间综合考虑，才能更加真实地揭示城市组织架构。

（2）城市群城市骨干轴线分析。前文分析了不同流要素下京津冀城市群各节点城市的联系度空间分布情况，为了进一步探究流空间下的京津冀城市群空间结构，本书通过流要素在不同节点城市间的流动方向判断节点城市在城市群中的地位，凸显节点城市在网络空间结构中的相互影响作用。关于城市层级结构的研究学者们普遍使用的方法是优势流分析法，本书通过前文计算得出的京津冀城市群节点城市的关联度识别第一、第二、第三优势流，根据优势流在京津冀城市群各节点城市间的流向，判断京津冀城市群核心骨干轴线和主要关联轴线的特征，从流空间视角分析城市群空间结构的基本特征。根据优势流分析法对京津冀城市群城市流联系强度分析，得到三大优势流流向表，如表4-10所示。

表4-10　京津冀城市群三大优势流流向分布

城市	第一优势流		第二优势流		第三优势流	
	流入	流出	流入	流出	流入	流出
北京	保定市→北京市	—	—	北京市→保定市	承德市→北京市	北京市→保定市
	廊坊市→北京市	—	—	北京市→廊坊市	—	—
	石家庄市→北京市	—	—	北京市→承德市	—	—
	秦皇岛市→北京市	—	—	—	—	—
	张家口市→北京市	—	—	—	—	—
	承德市→北京市	—	—	—	—	—
天津	沧州市→天津市	—	唐山市→天津市	—	—	天津市→廊坊市
	唐山市→天津市	—	廊坊市→天津市	—	—	—
石家庄	—	—	—	—	—	石家庄市→保定市
	—	—	—	石家庄市→沧州市	—	—
保定	—	—	北京市→保定市	保定市→廊坊市	北京市→保定市	—
	—	—	—	—	石家庄市→保定市	—
	—	—	—	—	张家口市→保定市	—

续表

城市	第一优势流		第二优势流		第三优势流	
	流入	流出	流入	流出	流入	流出
廊坊	—	—	北京市→廊坊市	—	天津市→廊坊市	—
	—	—	保定市→廊坊市	—	唐山市→廊坊市	—
					沧州市→廊坊市	
唐山	—	—	—	唐山市→天津市	秦皇岛市→唐山市	唐山市→廊坊市
沧州	—	—	石家庄市→沧州市	—	—	沧州市→廊坊市
秦皇岛	—	—	承德市→秦皇岛市	—	—	秦皇岛市→唐山市
张家口	—	—	—	—	—	张家口市→保定市
承德	—	—	—	承德市→秦皇岛市	—	承德市→北京市

资料来源：基于城市流强度计算得到。

　　从第一优势流的空间流向来看，京津冀城市群各节点城市的第一优势流都流向北京市和天津市两大核心城市，其中，流向北京市的有6个城市，流向天津市的有2个城市。根据城市流强度层级划分可知，北京市和天津市处于京津冀城市群的第一层级，北京市作为中国的政治中心、文化中心、科技中心，具有特殊的政治功能，天津市作为直辖市，在经济、教育、科技方面的发展能力都比较强。在自身发展能力和行政力量的共同作用下，各节点城市的第一优势流都流向北京市和天津市，使二者成为京津冀城市群空间结构中的核心城市，说明城市群空间结构不仅与节点城市在空间上的邻近性有关，同时与政策倾斜具有密切关系。

　　从第二、第三优势流空间格局来看，廊坊市、唐山市、保定市是京津冀城市群内的重要节点城市，在整体网络结构中起到连接和中转的功能。一方面，要承接更高层次节点城市的功能和服务，提升自身的经济发展水平，如廊坊市作为北京市重要的人口疏解承接地，将有大量的人口向廊坊市集聚，人作为城市发展的动力源，随着人口的集聚城市经济将得到快速发展；另一方面，重要的节点城市将通过与周围城市发生物质交换进而形成城市体系，通过对边缘城市产生辐射效应来影响城市群的整体空间结构。而位于城市群边缘地区的张家口市、承德市、秦皇岛市、沧州市等节点城市主要处于第四层级，自身发展水平较低，向外辐射效应较弱，在城市群网络空间中主要接受来自更高层级城市的辐射效应，在城市群空间结构形成中的作用较小。

第三节　京津冀城市群网络结构及其特征

前文在整体上从流空间视阈分析了京津冀城市群节点城市间联系度的空间格局，并根据节点间流要素的流向探讨了城市群的空间骨干轴。城市群的网络空间结构由节点构成，每个节点在网络中扮演的角色直接影响整体区域的网络结构，探究节点城市在整体网络中所处的地位、承担的责任，在构建稳定可持续的网络空间结构中具有重要意义。因此，本节基于城市群内节点城市的中心度和网络特征指标，对 2015~2021 年城市群网络空间结构的演变进行分析，揭示城市群内节点城市间在不同流要素上承担的功能和发挥的作用。

一、京津冀城市群网络结构拓扑

随着城市化进程的加快，城市规模在不断扩大，由县域向城市、由单个城市向由多个城市组成的区域转变。在信息技术的支持下，人流、物流、信息流、资金流等不同要素在区域内部和在区域间的联系不断加强，形成了区域下的城市网络空间格局，探究其网络格局的特征对促进区域一体化有重要意义。本书已经从不同流要素视角分析了节点城市在城市群网络空间中的特征，本节以前文计算得到的城市流联系强度为基础数据构建京津冀城市群整体空间结构。

城市群网络空间结构是由以城市为节点的"点"和以各种要素在城市间的流动形成的"线"共同构成的。节点间线的数量和密度代表了节点间各要素联系的紧密度，本节通过京津冀城市群节点城市间的城市流强度来构建城市群网络空间结构，进而分析城市群的网络空间的拓扑结构及其关联性。基于 2015 年和2021 年京津冀城市群各节点城市间的城市流强度构建了不同时期的网络空间结构，如图 4-2 所示。

通过对比 2015 年和 2021 年京津冀城市群的网络空间结构可以发现，京津冀城市群网络空间的城市关联网络由简单向复杂变化，节点城市间的关联越来越紧密、网络密度呈增大趋势。2015 年，京津冀城市群内节点城市间联系较多的城市有北京市、天津市、廊坊市，这些节点城市间的流线密度较大，互相作用较强。位于城市群边缘的节点城市间的直接联系度较低，如张家口市和承德市位于京津冀城市群的北部，与其有直接联系的节点城市包括北京市、天津市和石家庄市。张家口市、承德市与秦皇岛市、唐山市、沧州市的联系较弱，尚未形成有效的联系流线，河北省南部的节点城市如沧州市、保定市等与北部的张家口市、承德市没有直接联系。承德市受区域因素的影响，受秦皇岛市、唐山市、沧州市的影响较小，在网络空间中尚未形成具有直接联系的流线。

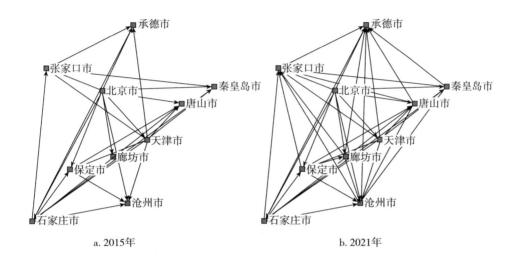

图4-2　京津冀城市群网络空间结构变化趋势

资料来源：由流强度数据计算绘出。

2021年，京津冀城市群的网络结构稳定性得到了较大提升。随着经济和信息技术的快速发展，京津冀城市群中心节点城市与边缘节点城市间的联系不断加强，形成了闭合的网络空间结构。信息技术减弱了物理空间距离对城市间联系的影响，使城市群内部各节点城市在整体上的联系得到了加强，城市群边缘的节点城市与其他各节点城市形成了直接或间接的联系。例如，2021年，京津冀城市群网络空间结构更加复杂多样，位于城市群边缘的节点城市与中心城市间都产生了联系，承德市和秦皇岛市、唐山市形成了直接联系，秦皇岛市与保定市、石家庄市、沧州市之间也形成了直接的联系。整体来看，各节点城市在网络空间结构中发挥着不同的作用，京津冀城市群各节点间的关系更加复杂，网络空间结构更加稳定。

二、节点中心度

根据本书第三章分析可知，个体网络空间特征是指城市群内各节点城市在网络空间中具有的特征，一般通过节点城市的点度中心度、中间中心度、接近中心度表示。

（一）点度中心度

点度中心度用来表示节点在网络中与其他节点在经济、人口、信息等各种要素方面的联系的紧密程度，一般分为绝对中心度和相对中心度。绝对中心度是指节点在网络中直接与其他节点间具有联系的点的个数，绝对中心度越高，说明该节点越处于网络的中心。通过计算各流要素下京津冀城市群各节点城市的绝对中心度，可对各节点城市在整体网络中的重要性有一个宏观的认识（见表4-11）。

表4-11　京津冀城市群网络空间节点的绝对中心度

城市	资金流		信息流		人流	
	2015 年	2021 年	2015 年	2021 年	2015 年	2021 年
北京	6	7	6	8	5	7
天津	3	5	4	6	3	4
石家庄	1	3	3	5	2	4
保定	1	2	3	4	2	4
廊坊	1	2	1	2	2	4
唐山	1	2	1	2	1	2
秦皇岛	1	1	1	2	1	1
沧州	1	2	1	2	1	1
张家口	1	1	1	1	1	2
承德	1	1	1	1	1	1

资料来源：笔者根据各流要素强度编制。

1. 绝对中心度

2015年，京津冀城市群资金流下各节点城市的绝对中心度的均值为1.7，节点绝对中心度大于均值的城市只有北京市和天津；2021年，京津冀城市群资金流下各节点城市的绝对中心度的均值为2.6，节点绝对中心度大于均值的城市有3个，从高到低分别是北京市、天津市、石家庄市，说明这些城市在企业方面与其他节点间的联系得到了快速发展。保定市、廊坊市、沧州市的绝对中心度虽然没有超过京津冀城市群的均值，但相较2015年其中心度有所增加，说明在资金流方面，节点城市与外界联系的紧密程度有所增加，主要是受到了政策的影响，在疏解北京非首都功能的过程中，廊坊市、唐山市和沧州市成为重要的企业承接地，因此其资金流方面的联系度得到了增强。

从信息流角度分析京津冀城市群各节点城市的绝对中心度可知，2015年京津冀城市群在信息流方面的节点绝对中心度均值为2.2，大于均值的节点城市有4个，分别是北京市、天津市、石家庄市和保定市。到2021年，均值由2.2增加到3.3，节点城市的绝对中心度排名没有变化，但除了张家口市和承德市外，其他节点城市的信息流联系度均有所上升，说明这些城市与其他城市在信息联系方面不断增强。

从人流角度来看，2015～2021年，京津冀城市群节点城市在人口流动方面的联系得到了迅速加强。除了北京市和天津市外，河北省的石家庄市、保定市、廊坊市的人口流动联系度均高于京津冀城市群的均值，说明这些城市在人口集聚和扩散方面具有较强的能力。

从京津冀城市群各流要素下的节点城市的绝对中心度来看，处于中心位置的仍然是北京市、天津市，靠近核心城市的石家庄市、廊坊市、保定市属于重要的核心城市辐射区，在资金流、信息流、人流方面的联系度较为紧密，是京津冀城市群重要的节点城市。在边缘位置的张家口市、承德市、秦皇岛市对外辐射能力较弱，主要接受来自上一级节点城市的辐射，对城市群网络空间结构的影响较小。

2. 相对中心度

绝对中心度比较的是节点在同一个范围内与其他节点间具有直接联系的点的数目，反映的仅仅是节点在局部的中心度，没有考虑网络空间结构对节点中心位置的影响，因为在不同的网络规模下，同一节点即使具有相同的绝对中心度，但在网络空间中的位置也有所差别。为了弥补这一缺点，弗里曼提出了相对中心度的概念，用节点的绝对中心度与网络空间中节点能够达到的最大可能的度数之比作为衡量节点在网络空间中的核心程度。相对中心度的值越大，说明该节点与其他节点间的联系越紧密，在网络中所处的位置越重要（Joyez，2016）。

根据资金流下节点城市的相对中心度来看，2015～2021年，京津冀城市群各节点城市的相对中心度均有不同程度的增加。2015年，资金流下的京津冀城市群节点城市联系度的整体网络中心度是0.53，说明在资金联系方面，京津冀城市群内有一半节点城市具有较强的经济联系。2015年，资金流下的节点相对中心度均值仅为0.18，除了北京市、天津市的相对中心度在0.3以上，其他8个城市的相对中心度均在0.1左右，说明北京市、天津市与河北省其他城市在资金方面的联系较少，总部仍然主要集中在北京市和天津市两地，输入到河北省的企业数量较少，带来的企业间的经济联系度较低。

2021 年，资金流下的京津冀城市群节点城市联系度的整体网络中心度是 0.68。随着疏解北京非首都功能政策的落实，北京市、天津市的许多企业向河北省各市迁移，城市间在企业经济方面的联系度得到了加强。例如，2021 年沧州市的资金流联系度较 2015 年增加了 0.1，廊坊市的资金流联系度较 2015 年增加了 0.12。北京市、天津市将许多企业分支迁移到河北省的其他节点城市，其资金流相对联系度也有较大增幅，分别增加了 0.1 和 0.21（见图 4-3）。整体来看，在资金流视角下，京津冀城市群中节点间的联系度都有较大的提升，主要集中在北京市、天津市、石家庄市、廊坊市和沧州市等节点城市。

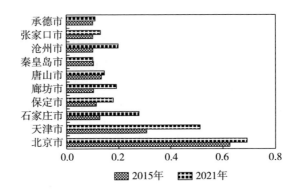

图 4-3 京津冀城市群资金流下的相对中心度对比

资料来源：笔者根据中心度计算结果绘制。

与资金流下的相对中心度相比，信息流和人流下的城市群节点城市的相对中心度变化更明显。2015 年，京津冀城市群信息流和人流下的整体网络中心度分别为 42.5%、68.4%。北京市和天津市在信息流和人流下的相对中心度仍最高，在城市群网络空间结构中处于核心位置，而石家庄市、保定市、廊坊市、唐山市在信息流和人流下的相对中心度增幅均超过了 0.1。位于城市群边缘的沧州市、张家口市、承德市的增幅都小于 0.1，说明在京津冀城市群中，石家庄市、保定市、廊坊市和唐山市将成为重要的节点城市（见图 4-4）。

2021 年，京津冀城市群信息流和人流下的整体网络中心度分别为 58.2%、74.8%。其中，在人流视角下的城市群节点相对中心度中，北京市的相对中心度为 1，主要是因为北京市处于城市群核心位置，与城市群内各节点城市都存在人流联系。而位于边缘区域的城市与周围节点城市间也存在人口流动的联系，但流动幅度相对较小，因此其中心度较低（见图4-5）。

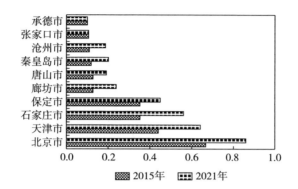

图4-4 京津冀城市群信息业流下的相对中心度对比

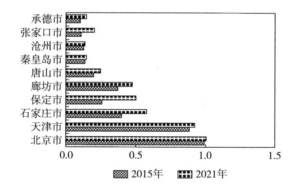

图4-5 京津冀城市群人流下的相对中心度对比

资料来源：笔者根据中心度计算结果绘制。

从资金流、信息流、人流的不同视角分析京津冀城市群节点中心度可知，整体来看，2015~2021年，城市群内各节点在各类流要素的作用下相对中心度均值都有所上升，点度网络中心度也呈上升趋势，说明各要素下的节点城市间的联系在不断增强。除北京、天津两大核心城市外，河北省的石家庄市、保定市、廊坊市和唐山市在京津冀城市群网络空间结构中具有重要的节点城市的功能和作用。

（二）中间中心度

在网络空间结构中，节点的位置和与其他节点间的关联必要性对网络空间结构的稳定发展具有重要意义。前文已探讨了节点城市在网络空间中的重要性，发现石家庄市、保定市、唐山市和廊坊市是京津冀城市群网络空间结构中的重要节点城市，因此进一步探究节点城市的必要性同样重要。如果一个节点位于其他点对点连接的最短路径上，那么这个节点在网络空间中就具有重要的连接作用和传递作用，在构建网络空间结构时尤其要加强对这类节点的建设，测度这种连接其他点的能力的指标用中间中心度表示。

一般来说，如果一个节点处于多个点对点的最短路径之间，那么该节点的中间中心度就比较高，说明该节点处在网络结构的中心。根据中间中心度的计算公式——式（3-33）可知，中间中心度的取值范围为［0，1］，当一个节点的中间中心度为0时，说明该节点对任何节点城市都不产生影响，该节点处于网络空间的边缘区域；当节点中间中心度为1时，说明其他节点间的联系必须经过该节点，该节点处在网络空间结构的核心，完全控制着整个网络空间的联系。根据中间中心度计算公式可得到不同年份、不同流要素下京津冀城市群各节点城市的中间中心度。

京津冀城市群节点的中间中心度测度结果表明，2015年，京津冀城市群10个城市的中间中心度的均值是2.46%，高于均值的城市只有北京市和天津市，其中，北京市的中间中心度达到了11.93%，天津市的中间中心度为5.68%，远高于河北省的8个城市，说明在京津冀城市群中，其他节点城市间的联系需要依赖北京市和天津市作为中转才能实现，北京市和天津市在控制其他节点城市间的联系方面具有较强的主导作用。

具体原因在于，北京市和天津市具有特殊的政治地位，在资源、经济水平方面都远高于河北省其他节点城市，具有较强的集聚和扩散效应，其他节点间的联系需要通过北京市和天津市进行中转。另外，从空间区位角度来看，北京市和天津市将河北省其余8个节点城市阻断，河北省南部的城市如石家庄市、保定市、沧州市在与东北部城市如唐山市、秦皇岛市进行联系时必须经过北京市和天津市，因此北京市和天津市的中间中心度比较高。距离北京市、天津市较近的节点城市的中间中心度都在1.5%左右，这些节点城市在一定程度上起到了连接中部区域要素流动的枢纽作用。此外，位于城市群外围的节点城市的中间中心度都在0.6%以下，这些城市规模较小，处于城市群外围地区，对其他节点城市发展的影响较小。

与2015年相比，2021年京津冀城市群各节点城市的中间中心度整体呈下降趋势。中间中心度均值从2015年的2.46%下降到2021年的1.77%，北京市、天津市的降幅均超过了2%，说明在城市群下的网络空间结构加强了各节点城市间的直接联系，各节点城市对北京市、天津市的依赖程度在逐步降低，可以主动形成与其他节点城市间的直接联系。但是，廊坊市和保定市的中间中心度有轻微的上升，其中，廊坊市的中间中心度由2015年的1.28%增加到2021年的1.34%，增幅为0.06%；保定市的中间中心度由2015年的1.35%增加到2021年的1.47%，增幅为0.12%（见表4-12）。尽管增幅不大，但保定市和廊坊市具有连接城市群东部节点城市与南部节点城市的作用。究其原因，廊坊市和保定市是北京市和天津市的主要辐射区，随着雄安新区的建设及人口、企业向廊坊市疏解，保定市和廊坊市在连接其他节点城市联系方面具有中转和传递作用，因此其中间中心度具有上升趋势。

表4-12 京津冀城市群网络空间节点中间中心度变化　　　　单位：%

城市	城市流		资金流		信息流		人流	
	2015年	2021年	2015年	2021年	2015年	2021年	2015年	2021年
北京	11.93	9.28	7.89	5.35	6.83	4.78	7.12	5.98
天津	5.68	2.03	3.42	2.67	5.43	4.32	3.54	2.89
石家庄	1.43	1.13	0.87	0.64	1.43	0.89	1.43	1.24
保定	1.35	1.47	0.58	0.47	1.75	1.43	1.55	1.43
廊坊	1.28	1.34	0.93	0.66	1.98	1.65	1.84	1.56
唐山	1.07	1.12	0.74	0.54	1.34	1.23	1.29	1.04
秦皇岛	0.68	0.43	0.34	0.31	0.88	0.56	1.02	0.98
沧州	0.56	0.32	0.42	0.23	0.33	0.28	0.37	0.25
张家口	0.36	0.31	0.03	0.02	0.12	0.08	0.08	0.06
承德	0.29	0.27	0.03	0.03	0.09	0.06	0.07	0.03
均值	2.46	1.77	1.53	1.09	2.02	1.53	1.83	1.55

资料来源：笔者根据流强度计算结果编制。

　　此外，为了探究不同流要素下城市群节点城市在网络空间中具有的差异性，本书从资金流、信息流、人流三个流要素视角下计算了2015~2021年各节点城市的中间中心度（见表4-12）。整体来看，在不同流要素下城市群各节点城市的中间中心度都比城市流下的节点中间中心度低，与2015年相比，2021年各流要素下的节点城市中间中心度均有不同幅度的降低，说明无论是在物理空间中还是在虚拟网络空间中，京津冀城市群各节点在实体与非实体的网络中的直接联系逐步增加，间接联系逐步减少，城市群中节点城市受其他节点城市控制的程度有所减弱。

京津冀城市群网络空间中节点城市间的中间中心度差距在减小。北京市、天津市仍然是中心城市，石家庄市、保定市、廊坊市和沧州市在资金流、信息流和人流方面的中间中心度有不同程度的下降，这些节点城市在网络空间结构中承担的效果初步显现。边缘区域的张家口市、承德市、秦皇岛市、沧州市的中间中心度降低幅度不大，受其他节点城市的影响仍然较大，在实现城市群网络空间均衡发展方面的努力仍需加强。

（三）接近中心度

通过前文关于点度中心度和中间中心度的分析可知，点度中心度侧重于探究节点城市在网络空间中是否处于核心位置，没有考虑到该节点能否影响其他节点间的联系度，进而影响整体区域的网络空间结构。中间中心度考虑到了节点对其他节点的控制能力，但没有考虑该节点是否受其他节点的控制。Jovez（2016）认为，网络空间结构不仅受到节点城市控制其他节点城市能力的影响，同时也受其他节点城市对该节点城市控制能力的影响，因此，他认为应该考虑节点城市与其他节点间的接近程度，并提出了接近中心性思想。

学者认为，一个节点与其他节点越接近，即该节点与网络空间中的其他节点的距离都最短时，该节点对其他节点的依赖程度就越低，该节点的接近中心度就越高。根据接近中心度的计算公式——式（3-34）可知，接近中心度的取值范围是［0，1］，当节点的接近中心度接近0时，说明该节点与网络中其余节点间的距离较远，在网络空间中受其他节点控制的程度较大；当接近中心度接近1时，说明该节点与网络空间中其他节点间的距离较近，受其他节点控制的程度较低。根据接近中心度的计算公式，可得到不同年份、不同流要素下京津冀城市群各节点城市的接近中心度。

根据对京津冀城市群节点城市2015年、2021年在城市流、资金流、信息流和人流方面的接近中心度测算结果可知（见表4-13），2015年，京津冀城市群10个城市的接近中心度均值为82.71%，高于均值的城市有2个，分别是北京市和天津市，这两个城市在城市群网络空间结构中与其他节点城市在空间距离和虚拟距离上都具有最短的距离，即这两个城市受其他节点城市的影响程度较低。原因在于北京市和天津市在资源配置、政策倾斜方面具有优势，北京市和天津市具有较强的"虹吸效应"，将周围其他节点城市的资源不断集聚在这两个城市，受其他节点城市的影响作用就比较小。而张家口市、承德市和秦皇岛市的接近中心度依旧比较低，在京津冀城市群的整体排名中位于最后，这些节点城市自身发展能力较低，主要接受其他更高层级节点城市的辐射作用，受其他节点城市的影响较大。

表 4-13　京津冀城市群网络空间节点接近中心度变化　　　　　单位：%

城市	城市流		资金流		信息流		人流		均值	
	2015 年	2021 年	2015 年	2021 年	2015 年	2021 年	2015 年	2021 年	2015 年	2021 年
北京	98.47	100	84.23	90.23	85.83	92.32	23.36	14.35	98.85	100
天津	87.88	96.67	72.65	81.34	79.43	83.23	34.67	22.54	94.71	97.25
石家庄	80.56	89.45	65.54	72.65	67.32	72.89	38.14	25.32	81.35	83.21
保定	78.38	85.34	68.23	63.21	58.98	63.21	42.43	31.24	80.85	82.52
廊坊	79.32	74.23	75.28	72.87	49.21	54.23	46.39	37.23	81.15	83.55
唐山	73.23	72.32	62.38	63.26	40.23	45.65	47.22	42.54	79.36	81.25
秦皇岛	67.39	68.02	42.56	45.54	31.67	36.33	58.23	50.76	77.35	79.55
沧州	65.35	66.78	56.32	54.76	23.65	27.12	48.26	44.74	78.56	79.11
张家口	54.72	56.23	52.78	54.12	16.34	18.33	60.35	53.65	77.27	78.87
承德	51.32	52.87	44.55	46.41	11.42	14.31	63.54	58.82	77.65	78.85

资料来源：由笔者计算得到。

2021 年，京津冀城市群节点城市的接近中心度均有不同程度的上升。在信息科技的支持下，节点城市间的距离在不断缩短，节点城市受其他节点城市的控制能力在不断减弱。2021 年，北京市的接近中心度为 100%，说明北京市可以不受城市群内的任何城市的控制，自由地与每个节点城市发生直接联系，在京津冀城市群网络空间结构中起着核心行动者的作用。廊坊市、唐山市的城市流强度下的节点接近中心度较 2015 年有不同程度的下降，廊坊市从 2015 年的 79.32%下降到 2021 年的 74.23%，唐山市从 2015 年的 73.23%下降到 2021 年的 72.32%，说明在承接北京非首都功能的过程中，唐山市和廊坊市受北京市的影响作用较大，因此该节点城市的接近中心度有所下降。

位于城市群边缘的张家口市、承德市、秦皇岛市，这些节点城市的接近中心度也有了不同程度的增加，尽管这些节点城市受到其他节点城市的影响仍然较大，在城市群网络空间结构中的贡献较小，但这些节点城市与其他节点城市间的距离在缩短，受其他节点城市的影响程度在降低。

从资金流视角分析京津冀城市群各节点城市在 2015~2021 年的接近中心度

测算结果可知，除了保定市、廊坊市和沧州市的接近中心度呈下降趋势外，其他节点城市的接近中心度都呈上升趋势。究其原因，2015年以来，随着疏解北京非首都功能政策的实施，聚集在北京市、天津市的部分企业向河北省的保定市、沧州市、廊坊市转移，这些城市在企业间的联系受北京和天津市的影响较大，因此其接近中心度呈下降趋势，这与整体城市流强度下京津冀城市群各节点城市的接近中心度变化趋势一致。

信息流视角下的京津冀城市群节点城市接近中心度均呈上升趋势，整体排名没有变化，仍然是北京市、天津市最高，张家口市、承德市、秦皇岛市的排名最低，说明在人流和信息流方面，各节点城市与其他节点城市间连接的距离在不断缩短，京津冀城市群正在向均衡化方向发展。

人流视角下的京津冀城市群节点城市接近中心度变化趋势与资金流和信息流变化趋势相反，2015~2021年，各节点城市的接近中心度均呈下降趋势。主要原因在于人口流动不再仅仅流向以北京市、天津市为主的核心城市，随着核心城市与其他节点城市在企业方面的联系不断加强，信息技术缩短了节点城市间联系的距离，人口逐步向非核心城市流动，各节点城市都将接受来自其他节点城市的人口。因此，京津冀城市群内各节点城市在人流方面的接近中心度均呈下降趋势。

三、网络结构特征

前文从个体网络特征角度对京津冀城市群的网络空间结构进行了分析，下面从整体网络特征角度对网络空间结构进行分析，主要从网络密度和网络等级两个方面进行分析。

（一）网络密度

根据网络密度的计算公式——式（3-35）可得到2015年和2021年京津冀城市群的网络密度。根据计算结果可知，2015~2021年，京津冀城市群内各节点城市间的空间关系总数有较大幅度的增加。2015年京津冀城市群的网络密度为0.58，空间关系总数为63个，2021年网络密度为0.83，空间关系总数达到了90个。网络空间密度从2015年的58%增加到2021年的83%，网络密度增加了25%，城市群整体网络空间结构得到完善。

网络密度的提升，主要原因在于两个方面：其一，互联网信息技术有效减少了空间对区域发展的限制。城市群北部节点城市如张家口市和承德市，基于其特有的自然资源优势，在功能上成为京津冀城市群的生态涵养区，因此该区域的工业发展、基础设施建设完善程度较低，与其他节点城市间的经济联系程度较弱；

北京市作为首都，具有先天的资源优势，天津作为直辖市，其经济水平远高于京津冀城市群中的其他节点城市，同时，北京市和天津市将河北省的东部和西南部阻断，使城市群东西部间的直接联系程度减弱。互联网信息技术通过虚拟网络将各节点联系起来，打破了物理空间距离的束缚。其二，随着疏解北京非首都功能和区域一体化进程的推进，政府通过一系列政策减少核心城市在资源上的过度集中，使各种资源向不同层级的节点城市流动，形成多中心的空间格局，通过加强各节点城市间的联系使区域向均衡化方向发展。因此，城市群网络空间结构的整体网络密度和网络关联度呈上升趋势。

2015~2021年，京津冀城市群网络空间结构密度增幅为25%，达到了85%，仍有15%的发展空间。从理论上来说，网络空间密度越高，越有利于促进城市间的联系，但是，在发展过程中，过高的网络密度必将在网络中形成效率低下的"冗余线"，过多的"冗余线"不仅不能提高节点城市间联系的效率，反而会因为交易成本的提升而降低要素流动速率，从而抑制区域经济发展。因此，要综合考虑城市群内各节点城市的区域因素、资源禀赋、功能定位等要素，对网络空间中的节点进行分级，通过有效的层级结构最大限度地发挥网络空间的优势，实现区域协同发展。

（二）网络等级

根据网络等级的计算式——式（3-37），得到2015年和2021年京津冀城市群网络空间的等级。根据网络等级计算公式可知，网络等级越高，说明中心节点城市支配周围节点城市的数量越多，中心节点与其他节点城市间的联系越紧密。根据前人的研究，可将网络等级划分为五个层级：第一层级［0.9-1）、第二层级［0.7-0.9）、第三层级［0.5-0.7）、第四层级［0.3，0.5）、第五层级（0，0.3）。

从网络等级结果可知（见表4-14），2015年，京津冀城市群网络空间结构的整体网络等级为0.58，其中，第一层级的节点城市数量有1个，为北京市；第二层级的节点城市数量有1个，为天津市；第三层级的节点城市数量有2个，分别为保定市和廊坊市；第四层级的节点城市数量有5个，分别是唐山市、秦皇岛市、沧州市、张家口市和承德市。网络等级的数量整体上呈金字塔形，第一、第二层级的节点城市只有2个，说明北京市和天津市对周围城市的影响较大；其他节点城市都处于第三、第四层级，对周围节点城市的支配能力不足，与周围城市间的联系度不高。

表4-14 京津冀城市群网络等级

城市	2015年		2021年	
	网络等级值	级别分类	网络等级值	级别分类
北京	0.88	一级	0.94	一级
天津	0.84	二级	0.91	一级
石家庄	0.57	四级	0.75	二级
保定	0.65	三级	0.71	二级
廊坊	0.63	三级	0.7	二级
唐山	0.59	四级	0.67	三级
秦皇岛	0.45	四级	0.54	三级
沧州	0.48	四级	0.58	三级
张家口	0.37	四级	0.45	四级
承德	0.34	四级	0.42	四级
均值	0.58	—	0.67	—

资料来源：由笔者计算得到。

2021年，京津冀城市群网络空间结构的整体网络等级为0.68，比2015年增加了0.1，从各层级节点数量分布的形式来看，各节点城市的网络层级呈"2-3-3-2"的分布格局，处于第二、第三层级的节点城市数量有明显增长，城市群网络空间结构的多中心格局显现出一定的态势。具体来看，第一层级的节点城市数量有2个，为北京市和天津市；第二层级的节点城市数量有3个，为石家庄市、保定市、廊坊市；第三层级的节点城市数量有3个，为唐山市、秦皇岛市、沧州市；第四层级的节点城市数量有2个，为张家口市和承德市。

从演变过程来看，2015～2021年京津冀城市群各节点城市的网络层级都有所提高，说明节点城市间的相互联系程度在不断加强。具体来看，天津市从第二层级上升到第一层级，石家庄市从第四层级上升到第二层级，保定市和廊坊市从第三层级上升到第二层级，唐山市和秦皇岛市从第四层级上升到第三层级，张家口市和承德市的层级没有变化，仍然处于第四层级，但网络等级值有所增加，2015年张家口市的网络等级值为0.37，2021年网络等级值上升到0.45，增加了0.08；2015年承德市的网络等级值为0.34，2021年上升到0.42，增加了0.08。

四、聚类分级

通过对京津冀城市群节点城市在网络中的中心度及整体网络的密度、等级等方面的分析可以发现，城市群网络空间结构正在向均衡化转变，网络空间结构由不稳定向稳定发展。但是，不论是从节点中心度还是从整体网络空间结构的演变特征进行分析，从本质上来说都是将京津冀城市群 10 个节点城市作为单个个体来探究整体的网络空间结构特征。在构建城市群网络空间结构的过程中，不仅要考虑单个个体对整体网络结构的影响，同时，应该从内部功能定位角度由单个点转向多个点组成的面的角度对整体网络空间结构的影响进行分析，也就是说，将具有相同功能或承担相似角色的节点城市作为一个小区域，将城市群根据不同功能或角色划分为不同的小区域（又称模块），探究不同模块间的相互作用对城市群整体网络空间结构的影响十分重要。

　　凝聚分析是从不同模块分析整体网络结构的方法，在实际分析中，主要通过块模型进行分析。块模型是一种研究网络位置模型的方法，许多学者利用块模型对科学共同体、世界经济体系等问题进行研究。块模型是由两部分组成：其一，把一个网络中的各个节点按照一定标准分成几个离散的子集，将这些子集称为聚类或块；其二，分析每个聚类或块之间是否存在关系。本节通过分析 2015 年和 2021 年京津冀城市群中块间的联系探究城市群网络空间结构的聚类特征。根据块模型的位置分类，将京津冀城市群 10 个节点城市分为四类：双向溢出模块、主受益模块、主溢出模块、经纪人模块。2015 年和 2021 年的城市群划分结果如表 4-15 和表 4-16 所示。

表 4-15　2015 年京津冀城市群块模型矩阵　　　　单位：个

城市	北京	张家口	承德	天津	沧州	秦皇岛	唐山	保定	廊坊	石家庄
北京		134	58	1723	288	340	287	612	393	390
张家口			39							
承德										
天津		4	16		223	112	126	463	214	104
沧州										
秦皇岛		2								
唐山										
保定					65		2			
廊坊							2			
石家庄		4	16		12	18	8	28		

表 4-16　2021 年京津冀城市群块模型矩阵　　　　单位：个

城市	北京	张家口	沧州	天津	秦皇岛	保定	承德	石家庄	唐山	廊坊
北京		133	172	1516	163	824	114	513	712	451
张家口	203		68	72	45	102	45	998	56	92
沧州	104	153		921	112			1029		
天津	970	720	1023		114	211	580	331	772	497
秦皇岛	107	290	270	101		68		130		
保定	530	359	532	134	539			205	804	527
承德	86					78		104		
石家庄	204	298	429	94	713	158	190		305	319
唐山	98	253	397	112	421			194		
廊坊	145	204	321	143	348			190	143	

资料来源：笔者由联系度聚类得到。

从 2015 年京津冀城市群块模型矩阵结果可知，京津冀城市群 10 个节点城市根据功能定位分为四个板块：北京市属于第一板块；天津市和沧州市属于第二板块；张家口市和承德市属于第三板块；石家庄市、保定市、廊坊市、唐山市、秦皇岛市属于第四板块。

2021 年，京津冀城市群各板块间的节点城市集聚情况发生了改变：第一板块由北京市和张家口市 2 个节点城市组成；第二板块由天津市、沧州市、秦皇岛市 3 个节点城市组成；第三板块由石家庄市、保定市、承德市 3 个节点城市组成；第四板块由唐山市和廊坊市 2 个节点城市组成。

对比 2015 年与 2021 年各板块间的节点城市组成情况可知，2015 年各板块内的节点城市的聚集多偏向于空间地理邻近的考虑，即空间距离较近的城市产生的联系较为紧密，容易形成聚集区，且各板块间的联系紧密度不同，有的板块间联系紧密，如第一板块与第二板块的联系十分紧密，而第二板块与第三板块的联系比较弱。

2021 年各板块内的节点城市的组合说明板块内的集聚受空间距离的影响减弱了，空间距离较远的节点城市组成了新的板块，如北京市和张家口市，天津市、沧州市和秦皇岛市组成了新的板块。2021 年京津冀城市群各板块间的联系强度显著提高，任意板块间都可以产生直接的联系。为了深入分析板块间的相互作用，本书从位置层次和整体层次对京津冀城市群的四大板块进行分析。

（一）位置层次

基于块模型矩阵可得到京津冀城市群城市流强度下网络空间结构的统计指标。2015～2021年，京津冀城市群的空间集聚性变化较大，随着板块间的关系数目的变化，板块类型和板块特征表现出不同的变化趋势。

（1）2015年，京津冀城市群网络空间结构中存在63个关系数，板块内部的总关系数为20个，各板块间的关系数为43个①，说明在板块内部和板块间的空间溢出与空间关联效应水平差不多。如表4-17所示。

表4-17　2015年和2021年京津冀城市群块模型结果对比

板块	节点城市数量		接收关系数（个）				发出关系数（个）				板块类型	
			板块内		板块间		板块内		板块间			
	2015年	2021年	2015年	2021年	2015年	2021年	2015年	2021年	2015年	2021年	2015年	2021年
第一板块	1	2	1	2	30	33	1	2	23	35	双向溢出	双向溢出
第二板块	2	3	2	5	6	27	2	5	23	19	主溢出	主受益
第三板块	2	2	2	5	13	14	2	5	7	17	主受益	经纪人
第四板块	5	2	15	2	14	16	15	2	10	19	双向溢出	经纪人
求和	10	10	20	14	63	90	20	14	63	90		

注：板块内：接收关系数=块模型矩阵中主对角线上四个子矩阵内的关系数；

板块间：接收关系数=块模型矩阵中每列（或行）除去自身板块外剩余三个板块的关系数之和。

从各板块内与板块间的分布情况来看，第一板块内仅有北京1个节点城市，因此其板块间的接收关系数和发出关系数就代表北京市的溢出和吸引能力的大小。北京市板块内接收和发出的关系数均为1个，而板块间接收的关系数为30个，发出的关系数为23个，各板块间的接收关系数和发出关系数都处于最高水平，因此，北京市所处的第一板块既向外发出联系，也接收其他板块向其发出的联系，在板块内和板块间都具有溢出效应，根据块模型的定义，第一板块属于双向溢出板块。

第二板块由天津市和沧州市组成，板块接收到的关系数为8个，其中，板块内部城市间的接收关系总数为2个，板块间接收到其他板块的关系数仅为6个；板块发出的关系数为25个，其中，板块内发出关系数为2个，板块间发出关系

①　板块间的关系度已涵盖了板块内的关联度，为避免重复统计，要去掉板块内的关联度，总关联度=板块内关联度+板块间关联度。

数为 23 个。整体来看，第二板块总向外辐射的关系数远高于总接收的关系数，说明该板块整体表现为向外辐射效应，根据块模型的定义，第二板块属于主溢出板块。

第三板块由张家口市和承德市组成，其总发出关系数为 9 个，其中，板块内发出关系数为 2 个，板块间发出关系数为 7 个；总接收关系数为 15 个，其中，板块内接收关系数为 2 个，接收到来自其他板块的辐射关系数为 13 个，因此，该板块总的接收关系数大于总发出关系数，根据块模型的定义，第三板块属于主受益板块。

第四板块由河北省的保定市、石家庄市、廊坊市、唐山市和秦皇岛市 5 个节点城市组成，该板块总接收关系数为 29 个，其中，板块间接收到来自其他板块的关系辐射数量为 14 个，板块内接收到各节点城市的关系数为 15 个；该板块总发出关系数为 25 个，其中板块内发出数为 15 个，板块间发出数为 10 个。无论是从板块内还是从板块间的关系数量来看，该板块既有对外辐射效应，又接收内部节点城市间的关系，根据块模型的定义，第四板块属于双溢出板块。

（2）2021 年，随着京津冀城市群各板块间节点城市组合的变化，板块的类型也发生了改变。整体来看，京津冀城市群网络空间结构内部各板块间的总关系数为 90 个，其中，板块内部关系数为 14 个，远低于板块间的关系数（76 个），说明 2021 年京津冀城市群各板块间的联系较为紧密，溢出效应明显增强，网络空间的凝聚性得到了大幅度提升。

从各板块所属类型来看，第一板块由 2 个节点城市组成，该板块受到其他板块辐射的关系数为 35 个，向其他板块间发出的关系数为 37 个，其中，板块内部接收的关系数和发出的关系数均为 2 个，主要表现为板块间的辐射和接收关系，因此，该板块属于明显的双向溢出板块。

第二板块由天津市、沧州市和秦皇岛市组成，该板块发出的总关系数为 24 个，而接收到的总关系数为 32 个，其中，板块内部 3 个节点城市间接收到的关系数仅为 5 个，板块间接收到的总关系数为 27 个，该板块接收到其他板块间的辐射关系较多，属于主受益板块。

第三板块总发出关系数为 22 个，其中板块内发出的关系数仅为 5 个，板块间发出的关系数为 17 个；总接收关系数为 19 个，其中板块间接收到的关系数为 14 个，板块内接收到的关系数为 5 个，无论是发出关系数还是接收关系数，该板块内部间的联系都比较少，主要表现为与其他板块间产生关系。根据块模型的定义，该板块属于经纪人板块，其板块内各节点城市在城市群网络空间结构中主要表现为中间连接传递的作用。

第四板块总共发出的关系数为 21 个，其中内部关系数仅为 2 个，接收到的关系数为 18 个，内部关系数也为 2 个，此板块与第三板块特征一致，因此也属于经纪人板块，板块中的唐山和廊坊 2 个节点城市在京津冀城市群网络空间结构中起到连接作用，是重要的节点城市。

综合来看，2015 年京津冀城市群的网络空间凝聚性较低，各板块间的双向联系强度较弱，板块内节点城市的组成受地理空间邻近性及行政区划的影响较大，板块间的联系不够紧密，虽然第一板块和第四板块均表现为双向溢出类型，但强度差距较大，四大板块中缺少经纪人模块，板块间的连接程度较差，存在空间断层的现象。

2021 年，京津冀城市群组成各板块的节点城市打破了空间距离的限制，实现了跨区域组合，板块间的类型不再以单一地接收外界辐射或单一地向外产生辐射效应为主，而是通过增加板块间的连接点（经纪人板块），将各板块及各节点城市连接起来，充分发挥节点城市的功能和作用，使整体网络空间的联系度更加紧密。同时，通过凝聚性分析可以发现各板块所包括的节点城市功能与前文节点城市在网络空间结构中的特征具有一致性，如双向溢出板块的功能与北京市具有的集聚功能和扩散功能一致，经纪人板块具有的桥梁和传递作用与唐山市和廊坊市具有的高中间中心度的结果一致。通过凝聚性分析可以从新的角度对京津冀城市群网络空间结构的特征进行分析，对促进京津冀城市群区域协同发展的结构优化有重要意义。

（二）整体层次

前文分析了京津冀城市群各板块在整体网络空间中的类型，对不同板块具有的功能进行了分析。为了进一步探究各板块间的接收效应和溢出效应的流动情况，本书从各板块的密度与京津冀城市群网络空间的整体密度进行对比分析。前文已对网络密度进行了分析，可知网络密度越大，流要素在网络中的流动强度就越大，网络间的联系越强，网络空间结构越稳定。同样，通过比较各板块的网络密度和京津冀城市群整体网络空间密度可知，如果板块的网络密度大于京津冀城市群的整体网络密度，则说明在整体网络空间结构中，各类流要素的集聚和扩散流动主要集中在该板块内；反之，各类要素的集聚和扩散则主要发生在该板块以外的其他板块间。

根据京津冀城市群网络空间密度的分析可知，2015 年、2021 年京津冀城市群城市流下的综合网络密度分别为 0.58 和 0.83。基于网络密度的计算公式——

式（3-35），计算各模块基于城市流强度的网络密度，得到各模块网络密度矩阵。为便于比较各模块网络密度与城市群整体网络空间密度的大小，本书将板块网络密度大于整体网络密度的板块用 1 表示，小于整体网络密度的板块用 0 表示，得到京津冀城市群像矩阵，如表 4-18 所示。

表 4-18　2015 年和 2021 年京津冀城市群块模型密度对比

2015 年	密度矩阵				像矩阵			
	第一板块	第二板块	第三板块	第四板块	第一板块	第二板块	第三板块	第四板块
第一板块	1	0.61	0.18	0.46	1	1	0	0
第二板块	0.65	0.67	0.16	0.13	1	1	0	0
第三板块	0.23	0.14	0.59	0.21	0	0	0	0
第四板块	0.39	0.28	0.06	0.59	0	0	0	1
2021 年	密度矩阵				像矩阵			
	第一板块	第二板块	第三板块	第四板块	第一板块	第二板块	第三板块	第四板块
第一板块	0.92	0.64	0.63	0.39	1	1	1	0
第二板块	0.66	0.73	0.65	0.52	1	1	1	0
第三板块	0.56	0.69	0.67	0.62	0	1	1	1
第四板块	0.61	0.47	0.59	0.74	1	0	1	1

根据块模型密度与整体网络密度对比分析结果可知，2015 年，各板块内部的网络密度都大于京津冀城市群整体网络空间密度，说明各板块内部节点城市间的流要素流动较强，关联度较高。板块间仅有第一板块与第二板块间的网络密度大于整体网络密度，即表现为北京市和天津市、沧州市间的流要素联系强度较大，其他板块间的网络密度都比整体网络密度小，说明板块间的联系强度较弱，节点城市的辐射效应和接收效应仅产生于空间位置邻近的几个节点城市组成的板块间，在距离较远的节点城市间联系程度较弱，板块间的网络联系程度低。

2021 年，板块内和板块间的网络密度增长幅度较大，除了板块内部的网络密度都大于京津冀城市群的整体网络密度外，板块间的网络密度也有了较大幅度的提升。板块间的联动呈现循环溢出的特征。第一板块的网络密度最大，通过溢出效应将流要素向以天津市为首的第二板块和以石家庄市为首的第三板块传递，进而向以廊坊市为首的第四板块流动。而廊坊市和唐山市所处的第四板块对北京市又具有一定的辐射效应，因此要素流动在京津冀城市群各板块间形成了闭合流动，说明各板块间的联动效应比 2015 年有了很大的提升。

网络密度大于总体网络，说明该区域的中心性高，创新活动集中。由 2015 年像矩阵结果可知，第一板块主要对第二板块有溢出效应，也接收第二板块向第一板块的溢出，说明第一板块属于双向溢出。第三板块的溢出效应不明显，说明第三板块内部创新性活动不活跃，对其他区域的辐射性较弱，主要接收来自其他区域的辐射，表现为主受益。第四板块内部存在着创新性活动，同时也接受其他板块的辐射，表现为双向溢出。2021 年，板块间的创新活动集中性发生了变化，第一板块向其他板块辐射，具有溢出性，同时也接受第二板块、第四板块的溢出，表现为双向溢出。第二板块接受来自第一板块和第三板块的溢出，整体表现为主受益。第三板块和第四板块既接受来自第一板块和第二板块的溢出，又向内部辐射，属于经纪人板块。

第四节　本章小结

本章基于网络空间结构特征指标，从资金流、信息流、人流要素下构建了网络矩阵，分析京津冀城市群内节点城市的层级结构，并对节点城市进行了等级划分。城市群内节点城市间的联系以北京市、天津市为核心呈辐射状，北京—天津—唐山、北京—保定—石家庄、北京—唐山—秦皇岛、北京—廊坊—沧州间的联系最紧密，其中，北京—天津—唐山间的双向联系度在城市群内最高，原因在于唐山市是重要的工业基地，为北京市和天津市的发展提供了资源保障。北京—张家口、北京—承德的联系度小于 1，说明北京市对张家口市和承德市的辐射带动力较小。

从京津冀城市群城市流强度空间分布来看，京津冀城市群节点等级空间结构按"2+4+2+2"的格局分布，呈以京—津为核心向外围减弱的趋势。其中，北京市、天津市属于第一层级，石家庄市、保定市、唐山市、廊坊市属于第二层级，秦皇岛市、沧州市属于第三层级，张家口市、承德市属于第四层级。

从京津冀城市群城市骨干轴线分布来看，基于优势流法和节点中心度测算可知，京津冀城市群呈多中心格局。其中，北京市、天津市属于核心城市，廊坊市、唐山市、保定市是重要的节点城市。新的节点城市，一方面要承接更高层次节点城市的功能和服务，提升自身的经济发展水平；另一方面要通过与周围节点城市发生要素流动形成城市体系，进而产生辐射效应，来影响整体的空间结构。

本章基于资金流、信息流和人流在京津冀城市群各节点城市间的流动，构建了京津冀城市群网络空间结构。整体来看，京津冀城市群网络空间结构呈多中心格局，网络空间结构更复杂，节点间的联系更紧密。进一步对网络空间结构的整体水平进行分析，结果表明，流空间下的京津冀城市群网络空间结构的网络密度有很大提升，2015~2021 年网络密度增幅为 25%，2021 年达到了 85%。网络结构等级降低了 0.01，说明城市群网络空间结构正在由金字塔形向多中心复杂网络结构转变。

　　从凝聚性分析结果来看，本章根据节点城市的对外辐射和向内吸引程度，将节点城市划分为四大模块，在流空间的作用下，各板块内和板块间的网络密度都有较大幅度的提升，各板块间的联动效应有明显的提升。

第五章　流空间视阈下京津冀城市群网络结构的形成模式

在信息技术时代，各种虚拟的、不连续的流要素在不同节点城市间流动，地理空间距离不再是解释区域空间相关性的唯一指标。传统的地理空间结构正在不断地被信息技术改变，不同流要素在空间上的流向特征影响着空间结构的模式，并成为推动空间结构形成的关键因素（董超等，2014；修春亮等，2013）。由此也改变了传统的"核心—边缘"理论对区域关联度影响的分析，因此，厘清流空间下要素的流动模式，有助于探究网络空间结构形成的动力机制。本章将从流空间视角分析流要素的空间分布模式，进而对基于流要素形成的城市群网络空间结构模式进行分析，最后总结出京津冀城市群网络空间结构的形成模式，以便探究其空间结构的优化路径。

第一节　流空间视阈下的城市群网络结构模式

流空间的形成模式是流要素在空间流动中特征的外在表现。目前，关于流空间模式的研究主要集中在丛集模式的研究上。学者关于丛集模式的研究主要包括两个方面：一是利用聚类方法（如密度聚类法、层次聚类法）（Ran et al.，2017；Tao，2016；Zhu and Guo，2014）归纳流要素的丛集特征；二是利用点对数据进行聚类，从要素流向的角度归纳节点城市的集聚特征（Lu and Thill，2010）。基于传统的地理空间理论研究区域间的联系，通常选用欧氏距离度量节点间的关联度，因此，早期研究人流、物流等流要素所形成的流空间模式主要集中在要素在空间上的异质性方面。

在信息技术时代，流要素在多维空间上具有流动性和空间耦合性，流空间的形成模式更复杂，根据其不同特征可将流空间模式分为不同的类别。任何点对在空间上的分布特征可归纳为三种类型：随机分布、丛集分布和排斥分布。由于流要素在空间上的分布还与起点和终点、空间距离的长度和流向的角度有关，因此，综合来看，流要素在空间上的分布模式可分为三类：丛集模式（流要素在起点、终点都集聚）、聚散模式（流要素在终点丛集、终点、角度分散）、社区模式（流要素在起点集聚、长度集聚、角度随机），下面主要对这三种模式的识别和特征进行分析。

一、丛集模式及识别方法

丛集是指点对数据在网络空间中的起点和终点都呈聚集状态，即流要素在空间上呈聚集状态，如图5-1所示。这种呈聚集状态的流要素在城市群节点城市间表现出来的空间结构也呈丛集模式，可以反映流要素在网络空间中不同节点间的关联度。例如：在起始节点城市 A 中的流要素处于聚集状态，这些流要素主要流向节点城市 D，且在节点城市 D 中也呈集聚状态；在节点城市 B 中的流要素主要流向节点城市 C，与其他节点城市的关联度较低，主要集中在节点城市 C 上，则说明这种流要素下形成的网络结构属于丛集模式。学者针对人流、物流、资金流在空间上的集聚模式进行了大量的分析研究，如人口在城市群不同区域间的迁入和迁出（Chun and Griffith，2011），基于交通路网的货物运输在城市群不同节点城市间的联系（Ducret et al.，2016），不同节点城市的公司之间资金流动（Castells，2013）等。

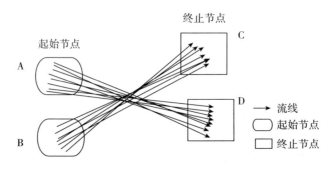

图5-1 丛集模式示意图

丛集模式可以通过密度聚类方法、统计聚类方法或层级聚类方法进行识别

（Song，2019）。通过选择流的密度、长度等指标进行聚类分析。层次聚类法是基于距离从低级到高级对流要素进行逐级合并实现聚类，主要用途是对流空间下流要素的不同级别的识别和可视化（Andrienko et al.，2017；Buchin et al.，2011），在城市群网络结构中，可借助层级聚类法得到流要素下不同节点城市的等级划分，对识别网络结构中节点城市的重要性有重要意义。密度聚类法是将传统的密度聚类方法（如 OPTICS）延伸到流要素聚类中，用于计算流空间中具有高密度的节点流量（Nanni and Pedreschi，2016）。统计聚类法主要通过节点间的关联度计算区域空间中要素集聚情况，常用的有 Moran's I（Liu et al.，2015）、最大似然统计量（Rosvall，2008）等。

二、聚散模式及识别方法

聚散模式包括集聚和发散两种模式，发散模式指流要素在节点的起点属于集聚而角度呈随机化，如流要素在节点城市 F 处于集聚状态，但与节点城市 A、节点城市 B、节点城市 C、节点城市 D 间都具有联系，流要素同时流向多个节点城市，则这种流要素下形成的网络结构属于发散模式；集聚模式指流要素在节点的终点呈集聚状态而角度呈随机化，如节点城市 f 与其他节点城市在某一种流要素的作用下形成联系网，并且这种流要素经多个节点城市的流动最终集聚到节点城市 f 中，则这种网络结构属于集聚模式，如图 5-2 所示。在城市群空间结构中主要表现为流要素从节点城市的溢出效应和吸引效应，如人流从一个节点向多个节点迁出形成溢出效应；反之，人流由多个节点向一个节点流入则形成吸引效应。聚散模式有助于发现区域局部的城市中心，为城市规划和空间布局等方面提供技术支撑。

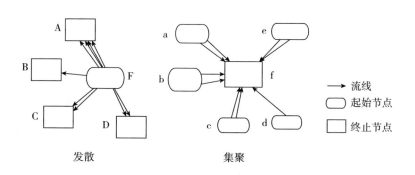

图 5-2 聚散模式示意图

聚散模式的识别通常有两种方法：一是基于点对数据（如 OD 数据）在起始节点和终点节点的分布特征进行聚散特征分析；二是以节点城市为研究对象，分析流要素在该节点的流入流出量，进而分析流要素的聚散特征。基于点对数据研究聚散特征有助于识别网络空间结构中节点城市的热点区域（Guo et al.，2012），构建交互网络（Liang et al.，2015），对交通流量控制、车辆调度、车站选址等方面的研究有积极的促进作用（高楹等，2018）。

三、社区模式及识别方法

社区模式指流要素集中分布在互不交叉的局部区域内，如图 5-3 所示。社区模式的网络空间结构在表现形式上具有边界性，如人口流动的区域一般与行政边界一致（Xu et al.，2017），人口活动的区域一般在家庭住址附近，具有社区特性（Kang and Qin，2016）。

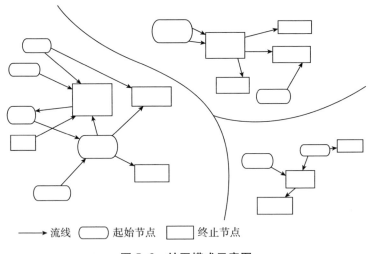

→ 流线　⬭ 起始节点　▭ 终止节点

图 5-3　社区模式示意图

社区模式的识别普遍基于网络空间分析法，即先利用点对数据基于特定的空间单元对流要素的位置点进行聚合形成起始节点和终点节点，然后基于节点间的要素流动构建网络空间，在此基础上，对不同区块的流要素集聚特征进行归纳总结。基于是否考虑流要素的空间性，将社区模式的识别分为两种情况：第一，若不考虑空间地理位置对流要素的影响，一般利用模块度（Newman and Girvan，2014）、信息熵（Rosvall，2008）等方法通过聚类形成社区，但因为没有考虑空间因素的影响，识别出的社区模式在空间上呈不连续分布。第二，将空间地理要素纳入流要素的集聚分析中，使社区模式具有地理意义。

第二节　京津冀城市群网络结构模式

城市群空间结构是区域资源、要素、经济活动在空间上集聚的外在表现，根据区域内城市的功能定位和规模，可将城市的空间结构分为两类：单中心空间格局和多中心空间格局。单中心空间格局是指区域内只有一个核心城市，其他次级中心城市按规模、经济水平、空间距离等要素围绕核心城市呈"中心—边缘"扩散的分布状态。多中心空间格局是指由两个及两个以上城市作为该区域的核心城市，其他城市与核心城市间的分布均呈相互交叉的分布状态。

一、研究方法

前文基于流要素在地理空间上的集聚和分散效应将流空间下的城市群网络空间结构模式分为三类，分别是丛集模式、聚散模式和社区模式，但此模式类型都是流要素在空间上的单一模式。事实上，城市群空间结构中存在多种流要素在区域内不同节点城市间流动的现象，由此形成的空间结构具有不同的特点。本节以京津冀城市群为研究对象，分析资金流和信息流等流要素在城市群不同节点城市间的聚集特征，以此探究流空间视角下京津冀城市群网络空间结构的模式。

基于前人的研究可知，测度城市空间结构最主要的方法有三种：①位序—规模法，主要对区域的多中心水平进行定量分析；②自包容法，主要对人口结构进行测算；③多中心指数法，重点测算区域内不同城市间的联系紧密度（Roick and Heuser，2013；覃成林、李红叶，2012）。本书主要从区域的扩散情况、城市的集中分布情况和节点城市间的相互影响方面进行测算。具体计算如下：

城市首位度（丁任重、张航，2020），用以反映首位城市规模占比，公式如下：

$$s = \frac{e_{max}}{E} \tag{5-1}$$

其中，e_{max} 为城市群内首位城市的就业人数，E 为城市群内全部就业人数。

相对弥散系数（Adolphson，2010），用以反映城市的聚集程度，公式如下：

$$CRD = \frac{r_{std}}{R} \qquad\qquad (5-2)$$

其中，r_{std} 为城市群内城市半径标准差，R 为城市群半径。一般情况下，当 CRD 趋于 0 时，说明城市核心分布在相近的区域范围内；当 CRD 趋于 1 时，说明核心城市分布在距区域地理中心的最远区域。

二、资金流下京津冀城市群网络结构模式

为了测度资金流和信息流在京津冀城市群各节点城市间的联系度，基于前文获得的资金流和信息流矩阵，借助流强度公式——式（3-25）测算资金流和信息流下京津冀城市群各节点城市间的联系度，基于自然断点法将节点间的联系度划分为四个等级。利用凝聚层次聚类法对资金流和信息流下的京津冀城市群各节点进行聚类。

结果表明，在资金流下的京津冀城市群在空间上呈"双核多中心"的空间分布格局，如表 5-1 所示。从整体来看，北京市和天津市与其他节点城市间的联系强度最高，都处于第一层级，在京津冀城市群中形成了资金流的双核心。通过前文的分析可知，从资金流的流向上来看，有 6 个节点城市流向北京市，2 个节点城市流向天津市，两大核心城市是资金流主要的汇集点。廊坊市与其他节点城市的联系度处于第二层级，既有接收来自北京市、天津市、石家庄市、沧州市的资金流入，也有向这些节点城市要素的流出。石家庄市和沧州市的资金流强度在京津冀城市群空间结构中处于第三层级，表明石家庄市和沧州市在企业方面和其他节点城市间的联系在不断加强。从资金流流出的节点城市来看，主要是从石家庄市、廊坊市、沧州市流出。因此，在京津冀城市群中，资金流的流入主要集中在北京市、天津市和廊坊市，资金流的流出主要集中在廊坊市、石家庄市和沧州市。根据前文对流空间下的城市群网络结构模式分类可知，京津冀城市群在资金流上属于丛集模式。

表 5-1　京津冀城市群资金流联系度

城市	资金流	层级
北京	7.26	1
天津	3.05	1
石家庄	1.35	3
保定	1.12	4
廊坊	2.01	2

续表

城市	资金流	层级
唐山	1.00	4
秦皇岛	1.01	4
沧州	1.40	3
张家口	1.10	4
承德	1.00	4

通过凝聚层次聚类分析可知，资金流在京津冀城市群各节点城市形成三个层级。北京市的企业在区域内部集聚程度较高，与其他节点城市的联系度较低，因此北京市自成一个层级。河北省的张家口市和承德市都缺少企业的布局，且均分布在京津冀城市群的北部，处于京津冀生态涵养区，在经济发展上属于环京津贫困带，区域内部的企业数量布局较少，受自然环境、政策环境、区位条件等多重因素的共同影响，区域间的资金流联系也较弱，因此，张家口市和承德市属于一个层级。天津市是重要的装备制造基地，沧州市毗邻天津市，在京津冀可持续发展中承担疏解北京非首都功能的重任，其工业制造企业不断增加，同时，在产业结构上和天津具有一定的同质性，因此，天津市和沧州市属于一个层级。唐山市、秦皇岛市、廊坊市、保定市属于第三层级，资金流在这些节点城市的流入和流出水平同处一个层级。整体来看，资金流在京津冀城市群形成了四个板块：第一板块是北京市，第二板块由三个小区块构成，分别是天津—沧州板块、唐山—秦皇岛—廊坊—保定—石家庄板块和张家口—承德板块，如图5-4所示。

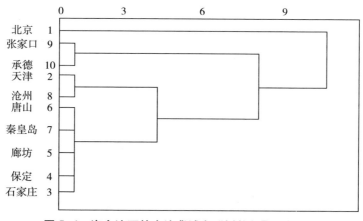

图5-4　资金流下的京津冀城市群树状凝聚层级聚类

三、信息流下京津冀城市群网络结构模式

信息流在京津冀城市群中的分布格局与资金流相似，但主要表现为北京、天津双核空间格局，如表5-2所示。北京市和天津市在信息流上的联系度在京津冀城市群中最高，都属于第一层级。石家庄市、保定市、廊坊市的信息流联系强度同属于第三层级，在资金流下廊坊市的联系强度属于第二层级，但在信息流方面，主要集中在北京市和天津市，河北省整体的信息流联系强度较低，处于第三层级和第四层级，除石家庄市、保定市、廊坊市处于第三层级外，其他节点城市的信息流联系强度都属于第四层级。从信息流的流入流出情况来看，北京市和天津市是信息流主要的流入节点城市，接收来自河北省其他8个节点城市的信息要素的流入；石家庄市、保定市和廊坊市主要接受来自北京市和天津市的信息流，属于既有流入又有流出；城市群其他5个节点城市则主要是信息流的流出节点城市，主要流向第一层级和第三层级的节点城市。

表5-2　京津冀城市群信息流联系度

城市	信息流	层级
北京	5.67	1
天津	3.40	1
石家庄	1.51	3
保定	1.54	3
廊坊	1.32	3
唐山	1.29	4
秦皇岛	1.16	4
沧州	1.08	4
张家口	1.03	4
承德	1.00	4

通过对京津冀城市群信息流的凝聚层级分析可知，信息流在城市群空间中呈四个聚集板块。第一板块由北京市和张家口市组成，主要原因是北京市与张家口市共同举办冬奥会，张家口市在信息联通方面与其他节点城市间的联系度呈增加趋势。天津市、沧州市和秦皇岛市组成第二板块，在区域上的信息联系比较紧密。唐山市和廊坊市与石家庄市共同处于第三板块。承德市由于受区位因素、自然因素等多种因素的共同作用，在信息流上处于最低层级，且与其他区域的联系度不强，因此属于第四板块（见图5-5）。

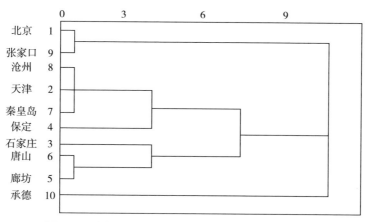

图 5-5　信息流下的京津冀城市群树状凝聚层级聚类

　　流要素在京津冀城市群的空间结构中既存在集聚特征又存在分散特征。从不同流要素下节点城市间的联系情况来看，无论是资金流还是信息流，要素在起始节点城市中都表现出明显的集聚特征。北京市、天津市为接收流要素的主要节点城市；石家庄市、保定市、廊坊市、唐山市为流要素主要的接收和输出节点城市；其余 5 个节点城市为主要的流要素输出地。从不同流要素的凝聚分层聚类结果可知，在资金流和信息流视角下，京津冀城市群内各节点城市都可以分为四个集聚区，板块间既有联系，又在一定程度上表现为分散效应。因此，本书认为，流空间下的京津冀城市群网络结构属于丛集—聚散模式，如图 5-6 所示。根据流要素在网络空间结构中的聚散特征，可有针对性地对节点城市在不同领域的作用进行加强或减弱，促进节点城市形成专业化分工，加强节点城市在网络空间中的重要性和连接性，促进城市群网络空间结构的稳定和可持续发展。

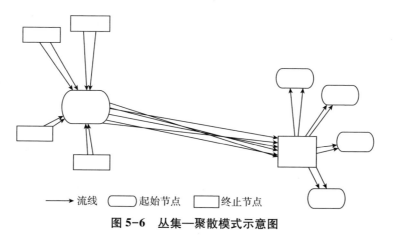

　→ 流线　⬭ 起始节点　▭ 终止节点

图 5-6　丛集—聚散模式示意图

第三节 本章小结

本章总结了流空间下城市群网络空间结构的形成模式，对京津冀城市群的网络空间模式进行了分析，最后提出了优化城市群网络空间结构的路径。

首先，在本书前文的基础上，根据流要素在城市群节点城市上的聚散特征，将流空间下城市群空间结构的形成模式划分为三类：丛集模式、聚散模式和社区模式，并对不同空间结构模式的识别进行了分析。

其次，基于资金流和信息流下的京津冀城市群空间结构的集聚特征，总结归纳了京津冀城市群的网络空间结构模式。通过对比资金流和信息流在京津冀城市群空间上的分布特征，可知流要素在京津冀城市群的起始节点和终点节点都具有丛集特征。进一步对资金流要素和信息流要素在京津冀城市群中的凝聚层次聚类分析发现，不同流要素在城市群空间结构中呈四大板块集聚，整体上既存在集聚性，又存在分散性。由此，提出流空间下的京津冀城市群网络空间结构属于丛集—聚散模式。

最后，针对京津冀城市群网络空间结构模式的特征，既具有集聚性，又具有分散性，从网络空间的稳定性角度对城市群网络空间结构提出优化路径。主要从京津冀城市群的"一核两翼多中心"的空间规划提出加强多中心网络空间结构的构建，同时要明确各节点城市的功能分工和功能定位，充分发挥各节点城市的内生动力，内外兼备以提高节点城市在京津冀网络空间结构中的竞争力和影响力，加强京津冀城市群网络空间结构的统一协同性，构建稳定的城市群网络空间结构，实现京津冀城市群的可持续发展。

第六章 流空间视阈下京津冀城市群网络结构效应

本章重点分析了流空间视阈下网络结构的效应。城市群内部合理的空间结构能够促进区域在社会、经济、环境方面的循环，实现区域的可持续发展。而流空间视阈下的网络空间的复杂性和通达性，能够加强城市群内各节点城市间的联系度，充分发挥节点城市的辐射效应和吸引效应，从而缩小区域内部节点城市间的差距，实现区域的协同发展。因此，城市群网络空间结构效应不仅包括经济效应，还要考虑通达效应和环境效应，以及三者间的耦合协同水平。为此，本章首先探讨城市群网络空间结构效应的内涵，构建网络空间结构关联因素的评价指标体系；其次评价京津冀城市群网络空间的结构效应，通过分析京津冀城市群网络空间结构的综合效应及其耦合协调度，探讨京津冀城市群网络空间结构效应。

第一节 网络结构效应的内涵及评价指标体系

网络空间结构效应是指通过区域的网络空间结构实现人口疏解、资源优化配置、生态环境优化、缓解"大城市病"，促进区域健康可持续发展（席强敏、李国平，2018）。在城市群范围内，根据实际的表现形式可将网络空间结构效应分为经济效应、通达效应和环境效应。其中，经济效应是目标，通过网络空间结构缩小节点城市间的经济水平差距；通达效应是基础，表现为节点城市间的可达性；环境效应是保障，通过影响能源利用绩效、居住环境绩效和空气环境绩效促进区域的可持续发展。综合三重效应及其相互作用关系，是城市群网络空间结构的核心要求。

一、网络结构效应的内涵

1. 网络空间结构的经济效应

经济效应一般是指经济收入，是一切生产活动的最根本目标。网络空间结构上的经济效应，主要是指经济活动在地理空间上的集聚分布带来的区域经济增长速度表现出的差异化效应。网络空间结构的经济效应可分为广义经济效应和狭义经济效应。广义经济效应是指区域空间内经济的关联度、发展水平等。狭义经济效应主要是指空间上的集聚经济，即网络空间结构对经济在空间上的集聚效应。本书以城市群经济生产总值为基础，将地区生产总值、政府的财政收入占生产总值的比值、第三产业生产总值等指标纳入考量，以更好地揭示网络空间结构的经济效应。

2. 网络空间结构的通达效应

通达效应是指在节点城市间的交通运输的便利程度，包括节点城市间的距离、时间，通达效应是衡量区域可达性和联系度的重要指标。网络空间结构上的通达效应主要是指节点城市在网络空间中与其他节点城市间的可达性和便利性。通常情况下，单中心的网络空间结构中节点间的直接联系度较低，需要通过中心城市中转，节点间的可达性较弱；多中心的网络空间结构中有多个不同等级的核心城市，与不同节点城市间产生联系，有助于节点城市间形成直接联系，网络结构中节点间的可达性较高。结合前人的研究，本书使用区域节点间的距离、节点中心度和网络密度等指标对网络空间通达效应进行定量分析。

3. 网络空间结构的环境效应

广义的环境效应是指能降低污染、提高资源利用率、改善生存环境的所有成果。在网络空间结构中的环境效应一般包括能源利用率的提高、空气质量的好转和水资源的有效利用等。因此，本书从人均绿地面积、城市绿化率、PM10 等指标出发，对城市群网络空间结构的环境效应进行分析。

4. 网络空间结构的综合效应及耦合协调度

城市群是经济、交通、环境相互作用的复杂系统，因此，城市群网络空间结构的效应是经济效应、通达效应、环境效应的综合表现，即综合效应。本书将综合效应定义为经济效应、通达效应和环境效应的总和，从整体上定量表征城市群网络空间结构效应的高低。为了进一步探究三种效应间的相互关系，本书引入了耦合协调度的概念。耦合协调度越高，说明三者间的相互作用越强，若三者的耦合关系呈正向关系，则耦合度越高，网络空间结构的综合效应越强（张帅，

2017）。

二、网络结构关联因素评价指标体系

本书根据数据的可获取性、科学性为原则（何晓群，2010；林海明、杜子芳，2013），参考国内外城市可持续发展评价指标体系（奉钦亮、张大红，2010；张广来等，2016）、城市综合评价指标体系（梁红梅等，2008；王雨晴、宋戈，2006）等相关研究，综合考虑影响城市效益的因素的不确定性，从经济因素、环境因素、通达性因素三个方面制定了能够全面反映城市群网络空间结构关联因素评价指标体系（见表6-1）。

表6-1　城市群网络空间结构关联因素评价指标体系

一级指标名	二级指标名	单位	类型
经济因素	地区生产总值	亿元	正向
	第三产业增加值	亿元	正向
	财政收入与GDP的比值	%	正向
	人均GDP	元	正向
环境因素	人均绿地面积	平方米	正向
	城市绿化率	%	正向
	全年空气质量优良天数比	%	正向
通达性因素	中心度		正向
	网络密度		正向
	城市间的直接距离	千米	正向

1. 经济因素

经济指标从不同角度反映了城市经济发展水平对城市网络空间结构做出的贡献，主要分为4个二级指标：地区生产总值是从整体上衡量一个城市发展水平的重要指标，因此选择了地区生产总值和人均地区生产总值2个指标；城市空间结构的形成与企业密切相关，而城市的企业发展主要以工业和政府的投资力度有关，因此选择了第三产业生产总值、财政收入与GDP的比值，总共4个指标评价城市的经济发展水平。

2. 环境因素

人是城市发展的动力源，城市的发展离不开人的参与，人在城市的生产和生活与环境有关，城市发展与城市环境关系密切，城市的宜居性对城市人口集聚有

重要作用。因此，本书将人均绿地面积、城市化率和全年空气质量优良天数比作为指标分析城市网络结构的环境效应。

3. 通达性因素

传统城市的空间结构组成与各区域间的空间距离具有密切关系。在信息技术时代，通过虚拟网络可以突破空间距离对城市间联系的限制，但距离的影响并未消除。因此，本书选择中心度、网络密度、城市间的直接距离对城市群网络空间结构的通达性进行分析。

第二节　京津冀城市群网络结构属性与关联因素拟合分析

一、基础数据

本书统计了北京、天津、石家庄、保定、廊坊、唐山、秦皇岛、张家口、承德、沧州10个城市的空间结构效应基础数据，如表6-2所示，其中，数据获取年份为2021年，全年空气质量优良天数比是2021年各地区天气质量为优良的天数与全年监测天数的比值，中心度和网络密度为前文计算得到的2021年京津冀城市群网络空间结构特征值。

表6-2　京津冀城市群网络空间结构效应基础数据

城市	地区生产总值（亿元）	财政收入与GDP占比（%）	第三产业增加值（亿元）	人均GDP（元）	人均绿地面积（平方米）	城市绿化率（%）	全年空气质量优良天数比（%）	中心度	网络密度
北京	20649.60	28.17	32912.15	5741.64	3.42	0.34	83.00	7.31	0.84
天津	19048.55	12.65	9615.42	8879.82	3.76	0.38	79.80	5.12	0.73
石家庄	4975.12	22.27	3878.41	49281.45	4.78	0.53	78.36	4.01	0.43
保定	2799.01	18.47	1960.15	23507.18	4.56	0.53	69.32	3.72	0.49
廊坊	2088.82	30.92	2146.25	46019.09	4.88	0.51	81.64	2.82	0.54
唐山	5331.54	16.67	3077.39	73052.36	4.23	0.49	69.04	2.00	0.52
秦皇岛	929.00	30.13	947.24	33499.27	5.63	0.46	89.32	1.33	0.45

续表

城市	地区生产总值（亿元）	财政收入与GDP占比（%）	第三产业增加值（亿元）	人均GDP（元）	人均绿地面积（平方米）	城市绿化率（%）	全年空气质量优良天数比（%）	中心度	网络密度
张家口	1245.06	26.74	970.84	27424.24	3.67	0.44	82.19	1.33	0.32
承德	1311.94	17.53	746.32	34902.64	5.34	0.59	83.70	1.00	0.29
沧州	2943.74	20.12	2102.11	38999.91	3.78	0.34	88.95	2.43	0.41

二、关联因素拟合分析

城市群网络空间结构与区域协同指数是网络空间结构指数与综合协同发展指数的乘积。单独分析城市群网络空间结构或区域协同发展都是片面的。因此，基于前文得到的城市群网络空间结构的影响因素，本书选择城市群网络空间结构和协同指数作为解释变量，从社会生产力、经济因素、产业因素、城市环境因素分析城市群网络空间结构与区域协同发展的耦合关系。

前文指标体系中的因素与网络空间结构存在一定的关系，但需要从定量的角度对主要影响因素进行识别。城市群网络空间结构属性包括节点中心度、网络密度、流向等，本书选择节点中心度进行关联因素的拟合。主要原因是，节点中心度可以表征节点城市在网络空间结构中的重要性，同时，能够体现各节点城市特征的属性值。本书借助 SPSS 回归分析进行城市群网络空间结构属性与关联因素的拟合分析，利用 Pearson 检验法对节点城市的中心度与影响因素的结果进行检验，得到相关系数，找出影响城市群网络空间结构的主要因素（见表6-3）。

表6-3 京津冀城市群网络空间关联因素显著性

一级指标名	相关系数均值	二级指标名	相关系数
经济因素	0.838	地区生产总值	0.836***
		第三产业增加值	0.885***
		财政收入与GDP的比值	0.862***
		人均地区生产总值	0.873***
环境因素	0.554	人均绿地面积	0.762**
		城市绿化率	0.465**
		全年空气质量优良天数比	0.332**

续表

一级指标名	相关系数均值	二级指标名	相关系数
通达性因素	0.372	中心度	—
		网络密度	0.423**
		城市间的直接距离	0.346**

注：***表示 p 在 0.01 水平上显著，**表示 p 在 0.05 水平上显著。

根据回归分析结果，将相关系数划分为五个等级，分别是极强相关（0.8~1）、强相关（0.6~0.8）、中等相关（0.4~0.6）、弱相关（0.2~0.4）、无相关（0.0~0.2）。整体来看，经济因素与城市群网络空间结构的相关性较高，环境因素的相关性次之，通达性的相关性最低。其中，表现为极强相关的因素有 4 个，占总数的 40%；表现为强相关的因素有 1 个，占总数的 10%，二者的比例达到了 50%。有 2 个因素表现为中等相关性，有 3 个因素表现为弱相关性。经济因素、环境因素对城市群网络空间结构的相关性较大，但彼此间的差距不大，都属于强相关关系。通过计算各指标的相关系数均值发现，经济发展因素的均值最高，达到 0.838，说明经济发展水平和城市群网络空间结构的关联度较大。环境因素中人均绿地面积的相关系数均值介于 0.7~0.8，说明环境因素对城市群空间结构的形成有主要的影响作用，与实际情况相符。

具体来看，在经济因素方面，所选的 4 个指标相关系数都在 0.83 以上，第三产业增加值的相关系数最高，达到了 0.885，说明城市群网络空间结构与服务业关系密切，服务业水平越高，城市间的联系度越紧密。在环境因素方面，3 个指标的相关系数差距较大，其中，人均绿地面积的相关系数最高，达到了 0.762，城市绿化率和全年空气质量优良天数比的相关系数差距不大，分别是 0.465 和 0.332，说明城市群空间结构中人们更关注的是人均绿地面积，即居住环境，而城市绿化率和全年空气质量优良天数比是相对关注度较低的因素。通达性因素在整体上的相关系数处于 0.3~0.5 的范围内，属于弱相关关系。

第三节　京津冀城市群网络结构效应评价

本节根据前文构建的城市群网络空间结构效应评价指标体系，汇总分析城市群网络空间结构在经济、环境、通达性方面的数据，对京津冀城市群网络空间结构效应进行评价。首先，通过主成分分析法评价京津冀城市群网络空间结构的综合效应，来表征各节点城市间在经济、环境和通达性三重效应的总和。其次，对京津冀城市群网络空间结构中的各节点城市的结构效应耦合协调度进行测算。最后，分析京津冀城市群网络空间结构的综合效应水平。

一、综合效应评价

1. 主成分分析

主成分分析是通过对多个具有相关性的变量进行分析，找出最大限度保留原始信息且彼此不相关的主要因素，将这些因素作为变量对自变量进行评价。在主成分分析中，方差越大，因素保留的原始信息越多。通过逐次分析找到能完全解释自变量的所有因素。根据主成分分析的过程，需要先进行去量纲处理，然后计算特征值、方差贡献率，最后通过载荷矩阵计算主成分得分（李茜等，2015；虞晓芬、傅玳，2004）。

2. 综合效应主成分分析

本书基于结构效应的基础数据进行无量纲化处理，计算公式如下：

$$STD_i = \frac{x_i - \overline{X}}{S} \tag{6-1}$$

其中，x_i 为原始值，$\overline{X}$ 为平均值，S 为标准差。标准化后的数据如表6-4所示。

表6-4 综合效应标准化数据

城市	地区生产总值（亿元）	财政收入与GDP占比（%）	第三产业增加总值（亿元）	人均GDP（元）	人均绿地面积（平方米）	城市绿化率（%）	全年空气质量优良天数比（%）	中心度	网络密度
北京	1.96	0.92	2.43	-1.44	-1.31	-1.42	0.36	2.12	1.98
天津	1.75	-1.54	0.63	-1.28	-0.86	-0.95	-0.11	1.01	1.33
石家庄	-0.16	-0.02	-0.30	0.77	0.50	0.81	-0.31	0.46	-0.42
保定	-0.45	-0.62	0.32	-0.54	0.21	0.81	-1.62	0.31	-0.07
廊坊	-0.55	1.36	-0.15	0.60	0.63	0.57	0.16	-0.14	0.22
唐山	-0.11	-0.90	-0.85	1.97	-0.23	0.34	-1.66	-0.56	0.11
秦皇岛	-0.70	1.23	-0.15	-0.03	1.63	-0.01	1.27	-0.90	-0.30
张家口	-0.66	0.69	-1.01	-0.34	-0.98	-0.25	0.24	-0.90	-1.07

续表

城市	地区生产总值（亿元）	财政收入与GDP占比（%）	第三产业增加总值（亿元）	人均GDP（元）	人均绿地面积（平方米）	城市绿化率（%）	全年空气质量优良天数比（%）	中心度	网络密度
承德	-0.65	-0.77	-0.85	0.04	1.24	1.51	0.46	-1.06	-1.24
沧州	-0.43	-0.36	-0.07	0.25	-0.83	-1.42	1.22	-0.34	-0.54

通过对数据进行球形度检验，在5%水平上显著，满足主成分分析的要求。基于SPSS得到初始特征值和主成分的方差贡献率（见表6-5），并进一步得到主成分载荷矩阵（见表6-6）。累计方差贡献率超过80%的因素共有4个，其中，第一主成分保留了人均GDP和第三产业增加值2个指标，反映经济效应；第二主成分保留了人均绿地面积和全年空气质量优良天数比2个指标，反映环境效应；第三主成分保留了网络密度1个指标，反映通达性指标；第四主成分保留了财政收入与GDP的比值，反映经济效应。

表6-5　主成分特征值和方差贡献率

成分	初始特征值			提取主成分		
	特征值	方差贡献率	累计方差贡献率	特征值	方差贡献率	累计方差贡献率
1	2.628	26.278	26.278	2.628	26.278	26.278
2	2.526	25.262	51.540	2.526	25.262	51.540
3	1.878	18.775	70.315	1.878	18.775	70.315
4	1.256	12.560	82.875	1.256	12.560	82.875
5	0.682	6.816	89.691			
6	0.430	4.299	93.990			
7	0.322	3.224	97.214			
8	0.221	2.212	99.426			
9	0.051	0.509	99.935			
10	0.007	0.065	100.000			

表6-6　主成分载荷矩阵

指标	主成分载荷因子S			
	第一主成分	第二主成分	第三主成分	第四主成分
地区生产总值	0.379	-0.009	0.513	0.373
财政收入与GDP的比值	0.436	0.157	-0.308	0.716

续表

指标	主成分载荷因子 S			
	第一主成分	第二主成分	第三主成分	第四主成分
第三产业增加值	0.794	0.447	0.572	0.407
人均 GDP	0.836	0.595	0.382	−0.452
人均绿地面积	0.271	0.786	−0.097	0.025
城市绿化率	−0.234	0.001	−0.419	0.254
全年空气质量优良天数比	−0.620	0.619	−0.308	0.044
中心度	0.494	0.037	0.317	−0.255
网络密度	0.543	0.505	0.675	−0.206

将各节点城市的标准化数据与载荷矩阵中对应的因子相乘并求和，可得到城市群网络空间结构效应的主成分得分。计算公式如下：

$$F_1 = \sum_{t=1}^{10} STD_t \times S_{1t} \tag{6-2}$$

其中，F_1 为第一主成分得分，STD_t 为指标 t 的标准化值，S_{1t} 为第一主成分中第 t 个指标的载荷因子。依次计算可得到 F_2、F_3、F_4。

城市群网络空间结构的综合效应得分由四个主成分得分和对应方差贡献率的乘积最后求和得到。计算公式如下：

$$E = F_1 \times Var_1 + F_2 \times Var_2 + F_3 \times Var_3 + F_4 \times Var_4 \tag{6-3}$$

最终得到京津冀城市群各节点城市的空间结构综合效应及其排序（见表 6-7）。由表 6-7 可知，北京市和天津市空间结构综合效应最高。其中，北京市的第三主成分在城市群中得分最高，因而该节点城市的通达性效应最突出；天津市的第二主成分得分最高，说明天津市的环境效应最突出。廊坊市的综合效应排在第三位，其环境效应和通达性效应相对比较突出，唐山市的经济效应最突出。石家庄市和保定市在综合效应排名中分别排在第 5 位和第 6 位，在经济效应方面比较突出。沧州市、秦皇岛市、承德市和张家口市的综合效应得分都为负数，说明结构效应不明显。

表 6-7 京津冀城市群网络空间结构综合效应评价及排序

排名	行政单元	第一主成分（F_1）	第二主成分（F_2）	第三主成分（F_3）	第四主成分（F_4）	效益总值（E）
1	北京	2.22	1.65	4.21	0.79	1.89

排名	行政单元	第一主成分 (F_1)	第二主成分 (F_2)	第三主成分 (F_3)	第四主成分 (F_4)	效益总值 （E）
2	天津	2.56	5.91	−2.48	−0.11	1.69
3	廊坊	0.39	2.53	1.18	−0.04	0.96
4	唐山	5.75	−2.98	0.14	−1.19	0.64
5	石家庄	−0.75	−0.75	2.14	2.02	0.27
6	保定	−1.50	2.36	−0.47	0.47	0.09
7	沧州	−0.48	−0.53	0.85	−0.48	−0.16
8	秦皇岛	−0.49	0.94	−0.81	−2.55	−0.36
9	张家口	0.79	−1.22	−3.49	2.44	−0.45
10	承德	1.76	−3.75	−1.03	0.35	−0.64

二、结构效应耦合协调度评价

为了进一步探究城市群网络空间结构效应中的经济效应、环境效应和通达性效应间的相互作用，本书引入耦合度模型进行评价，计算公式如下：

$$C = \left\{ \frac{f(x) \times g(y) \times h(z)}{\left[\frac{f(x) + g(y) + h(z)}{3} \right]^3} \right\}^{1/3} \qquad (6\text{-}4)$$

$$f(x) = \sum_{i=1}^{4} a_i x_i, \quad g(y) = \sum_{j=1}^{4} b_j y_j, \quad h(z) = \sum_{k=1}^{2} c_k z_k \qquad (6\text{-}5)$$

其中，C为耦合度，f（x）、g（y）、h（z）分别为经济效应、环境效应和通达性效应的值。a_i、b_j、c_k 分别为三个结构效应相应指标的得分，x_i、y_j、z_k 分别为三个结构效应对应指标的权重。耦合度C的范围是（0，1），其值越大，则系统相互作用越强，系统越稳定；反之，则系统相互作用越弱，系统越不稳定。

基于耦合度计算公式，构建耦合协调度模型，计算公式如下：

$$D = \sqrt{C \times T} \qquad (6\text{-}6)$$

$$T = \alpha f(x) + \beta g(y) + \gamma h(z) \qquad (6\text{-}7)$$

其中，α、β、γ分别为经济效应、环境效应、通达性效应的权重，本书假设三个效应的重要性同等重要，因此，设定其权重均为1/3，T为空间结构发展效应指数，D为耦合协调度。参照前人的研究，可将耦合协调度的得分划分为四个等级：协调［0.7，1.0）、一般协调［0.5，0.7）、轻度失调［0.2，0.5）、失调〔0.0，0.2)。

　　根据耦合协调度公式，可得到京津冀城市群网络空间结构效应耦合协调度得分及排序，如表6-8所示。结果表明，京津冀城市群各节点与经济、环境和通达性的耦合度都大于0.89，说明各节点城市在经济效应、环境效应和通达性效应间的相互作用都比较强。但是，除北京市、天津市、廊坊市的耦合协调度属于一般协调外，其他节点城市的耦合协调度都处于轻度失调状态。这说明制约京津冀城市群空间结构效应的主要原因不是经济效应、环境效应和通达性效应间不存在耦合关系，而是与发展效益指数关系密切，经济发展效益指数越高，则越有助于城市群空间结构的耦合协同发展。

表6-8　京津冀城市群网络空间结构效应耦合协调度及排序

排名	行政单元	耦合度（C）	发展效益指数（T）	耦合协调度（D）	协调等级
1	北京	0.98	0.45	0.59	一般协调
2	天津	0.94	0.38	0.55	一般协调
3	廊坊	1.00	0.19	0.51	一般协调
4	石家庄	0.93	0.18	0.41	轻度失调
5	唐山	0.97	0.18	0.41	轻度失调
6	保定	0.97	0.15	0.38	轻度失调
7	沧州	0.95	0.14	0.37	轻度失调
8	秦皇岛	0.89	0.15	0.36	轻度失调
9	张家口	0.96	0.13	0.36	轻度失调
10	承德	0.93	0.13	0.35	轻度失调

第四节　本章小结

　　城市群网络空间结构效应可分为经济效应、环境效应和通达性效应三大类，其中，经济效应是城市群发展的根本目标；环境效应主要指节点城市的居住环境、资源利用率等；通达性效应表现为城市群中节点城市间的可达性。据此，可以从经济效应、环境效应、通达性效应三个层面构建城市群网络空间结构效应评价指标体系，对城市群网络空间结构效应进行评价。

京津冀城市群网络空间结构综合效应结果显示，北京市、天津市的空间结构综合效应最高，其中，北京市在通达性效应方面优势突出，天津市在环境效应方面更有优势。河北省的廊坊市在通达性效应和环境效应方面优势都很突出，石家庄市、保定市、唐山市则主要在经济效应方面具有一定的优势。其余4个节点城市的综合得分为负，说明结构效应不明显。

　　京津冀城市群网络空间结构耦合协调度结果显示，京津冀城市群各节点城市在经济效应、环境效应和通达性效应间的相互作用都比较强，三者耦合度较高。但是，除北京市、天津市、廊坊市的耦合协调度属于一般协调外，其他节点城市的耦合协调度都处于轻度失调状态。这说明制约京津冀城市群空间结构效应的主要原因不是经济效应、环境效应和通达性效应间不存在耦合关系，而是与发展效益指数关系密切，经济发展效益指数越高，则越有助于城市群空间结构的耦合协同发展。

第七章　流空间视阈下京津冀协同发展的影响因素及路径识别

本章以京津冀城市群网络空间结构为基础，基于前文流空间下网络空间结构指标体系，引入结构方程模型，对影响京津冀城市群协同的变量进行分析，评价协同的程度，探究协同发展的机制，识别协同的路径。

第一节　城市群协同的变量分析与路径识别

一、城市群协同评价的隐性变量与观测变量

结构方程模型（Structural Equation Modeling, SEM）是一种用于研究具有隐性变量间的结构关系。根据数据的可得性，可将结构方程模型的变量分为可直接获取的显性变量和不可直接获取的隐性变量。结构方程模型由测量模型和结构模型构成，其中，测量模型主要用于观测变量与隐性变量间的关系；结构模型用于表征各隐性变量间的关系。结构方程模型的原理是，通过对比理论模型得到的数据和实际情况间的协方差，来判断方程的拟合性，在一般情况下，协方差越小，则拟合性越好。计算公式如下：

$$\mu = \beta\mu + \gamma\varepsilon + \tau \tag{7-1}$$

$$X = \sigma_x\varepsilon + \vartheta \tag{7-2}$$

其中，ε 和 μ 为隐性变量的向量，β 和 γ 为系数矩阵，τ 为残差向量。X 为测量模型，σ_x 为变量 x 在隐性变量 σ 上的载荷矩阵，ϑ 为误差向量。

基于前人的研究，本书从综合生产力（PRO）、城市重力（CCM）、政府行

为（GB）、市场行为（MAR）、城市基础设施（INF）、居住环境舒适度（CD）、居民素质（RQ）、政府环境政策（GE）及空气质量（AQ）9 个方面对城市群的区域协同发展进行评价。在构建模型的过程中，以上 9 个变量都是无法直接获得数据的，需要借助观测数据进行隐性变量的数据表示。

综合生产力：生产力水平。作为因变量，它代表了城市之间不同时期生产率水平的差异和变化。根据前人的研究，更高的生产率导致更高的工资率，以及更好的交通网络和更高的信息水平（Motohashi，2007；Sun et al.，2019；龙小宁、高翔，2014）。本书以城镇职工的平均工资作为衡量城市的生产技术水平。本书以公路里程与公路总里程之比作为交通技术指标，以衡量交通技术的平均水平。使用每个城市中手机用户数作为通信技术指标来衡量通信技术水平。PRO 是这三个指标的几何平均值。

城市重力：中心城市与边缘城市之间的互联。该模型被广泛用于衡量经济主体在空间距离增加时的衰减效果。城市之间的协调发展与经济水平和人口有关（Düring，2019；Fan et al.，2018；Sun et al.，2019）。为了反映城市之间的实际联系，本书将城市 GDP 用作经济总量，将城市几何中心之间的直线距离视为两个城市之间的实际距离，并以城市常住人口作为城市总人口（Saldarriaga and Hua，2019）。CCM 越大，外部环境对城市的影响就越大，并且该城市与其他城市的相关性就越强。

政府行为：政府对经济的影响。政府税收在整个经济中所占的比例越大，政府对经济的影响就越大。本书使用财政收入与 GDP 的比率来衡量政府行为对经济的影响。

市场行为：城市经济体系中的市场行为。私营经济中的就业机会越大，经济多样化越强，市场越活跃（Xue，2013）。本书以私营企业就业人数占总就业人数的比例来反映城市经济体系中的市场行为。

城市基础设施：固定资产投资。基础设施水平影响功能专业化和协调发展（Khanani et al.，2020），因此，本书使用固定资产投资额来衡量基础设施水平。

居住环境舒适度：城市建成区的绿化率。生活环境舒适度会影响行业的形式、类型和效率，人均绿地面积越大，城市的生活环境舒适度就越高（Arysek，2017）。本书使用人均绿地来表示居住环境的舒适度。

居民素质：城市居民的综合素质。居民素质可能会影响城市的功能专业化和协调发展的组织效率。通常情况下，居民的平均教育水平越高，居民的素质就越高（Mei，2019）。在本书中，我们使用大学生人数与城市居民总人数的比率来代表居民的素质。

政府环境政策：政府在污染控制方面的投资。政府对环境的投资会影响人口聚集。本书使用对环境治理的投资额来代表政府的环境政策。

空气质量：全年空气质量优良天数占全年总监测日的比例。

具体的隐性变量与观测数据的对应关系如表7-1所示。

表7-1　京津冀城市群协同发展隐性变量与对应可测变量

隐性变量	可测变量	隐性变量	可测变量
综合生产力（PRO）	城镇职工的平均工资	城市基础设施（INF）	固定资产投资额
	公路里程		
	公路总里程		
	手机用户数		
城市重力（CCM）	城市 GDP	居住环境舒适度（CD）	人均绿地面积
	城市常住人口		
	城市间距离		
政府行为（GB）	人均 GDP	居民素质（RQ）	大学生人数
	财政收入		城市常住总人数
市场行为（MAR）	私营企业就业人数	政府环境政策（GE）	环境治理投资额
	城市总就业人数	空气质量（AQ）	全年空气质量优良天数占比

二、城市群协同评价的路径识别

在京津冀城市群网络空间结构的演化过程中，不同流要素下节点承担的功能并不是相互独立的，节点在不同流要素下的空间结构中承担的作用是相互影响的。一方面，要考虑不同流要素在节点城市的集聚特征及节点城市本身具有的优势；另一方面，也要考虑网络空间的稳定性。由前文的分析可知，不同节点城市具有的资源禀赋不同，不同流要素在节点城市间的流动与节点城市本身的优势密切相关。例如，沧州市是首都重要的企业承接地，从资金流的视角可知，沧州市与其他节点城市间的联系程度在提高。城市群网络空间结构的网络密度越大，节点城市的中间中心度越低、接近中心度越高，则网络结构的稳定性越强，区域内节点城市的联系越紧密。因此，增加城市网络空间的密度、提高节点城市的中心度，将对区域协同发展产生正效应。此外，凝聚性越高，模块间的信息流入和流出度越大，则城市间的联系越紧密，从而促进区域的稳定协同发展。具体假设如表7-2所示。

表 7-2　城市群协同发展路径假设

假设	具体描述
H1	节点中心度对提高网络密度有正向影响
H2	网络密度对区域协同发展有正向促进作用
H3	区域协同发展对居住环境舒适度、空气质量、城市基础设施、市场行为、城市重力、综合生产力有正向作用
H4	居住环境舒适度、空气质量、城市基础设施、市场行为、综合生产力对城市重力有正向作用
H5	城市重力对网络密度有正向作用

第二节　模型识别与估算方法

一、模型识别

根据前文分析，在模型中设置了 9 个隐性变量，包括 17 个可直接观测变量，构建城市群协同发展的结构方程模型（见表 7-3）。

表 7-3　京津冀城市群区域协同测量模型

模型	方程
综合生产力（PRO）	$PRO_1 = \lambda_{11} PRO + \varepsilon_{11}$　　$PRO_2 = \lambda_{12} PRO + \varepsilon_{12}$　　$PRO_3 = \lambda_{13} PRO + \varepsilon_{13}$ $PRO_4 = \lambda_{14} PRO + \varepsilon_{14}$
城市重力（CCM）	$CCM_1 = \lambda_{21} CCM + \varepsilon_{21}$　　$CCM_2 = \lambda_{22} CCM + \varepsilon_{22}$　　$CCM_3 = \lambda_{23} CCM + \varepsilon_{23}$
政府行为（GB）	$GB_1 = \lambda_{31} GB + \varepsilon_{31}$　　$GB_2 = \lambda_{32} GB + \varepsilon_{32}$
市场行为（MAR）	$MAR_1 = \lambda_{41} MAR + \varepsilon_{41}$　　$MAR_2 = \lambda_{42} MAR + \varepsilon_{42}$
城市基础设施（INF）	$INF_1 = \lambda_{51} INF + \varepsilon_{51}$
居住环境舒适度（CD）	$CD_1 = \lambda_{61} CD + \varepsilon_{61}$
居民素质（RQ）	$RQ_1 = \lambda_{71} RQ + \varepsilon_{71}$　　$RQ_2 = \lambda_{72} RQ + \varepsilon_{72}$
政府环境政策（GE）	$GE_1 = \lambda_{81} GE + \varepsilon_{81}$
空气质量（AQ）	$AQ_1 = \lambda_{91} AQ + \varepsilon_{91}$

其中，λ 为测量模型的因子负荷量，ε 为测量模型的误差项。通常情况下，因子负荷量越大，说明隐性变量对观测变量的作用越强。

二、估算方法

AMOS（Analysis of Moment Structure）是一种验证性统计分析软件，通常用于结构方程模型的分析，其具有方差分析、协方差、假设检验等一系列基本分析功能，可进行验证性因子分析、路径分析、群组分析等。本章为进一步说明影响城市群网络结构对区域协同发展的影响及可行性路径，采用结构方程模型进行计算，基于城市群协同发展的观测变量，提出城市群协同发展的路径假设。在此基础上，将相关影响因素分为隐性变量和显性变量，并构建城市群协同发展结构方程，以此探寻区域协同发展的路径。

本书利用 AMOS 对城市群区域协同进行分析。首先，对数据的有效性进行检验；其次，利用最大似然估计法（ML），对比实证得到的协方差与测算模型得到的协方差的接近程度，对结果进行分析。通过对观测数据的统计分析可知，各观测变量组成的样本量服从正态分布，卡方检验可以合理使用。使用最大似然估计法可以得到较小的标准误差，因此，本书选择最大似然估计法对样本的协方差进行对比分析。

1. 数据有效性检验

数据有效性是指能够反映实际数据特征的程度，主要通过收敛效度进行测算。基于前人的研究，本书使用 KMO（Kaise-Meyer-Olkin）检验法对数据有效性进行查验，计算公式如下：

$$KMO = \sum_{i \neq j} \sum r_{ij}^2 \Big/ \sum_{i \neq j} \sum r_{ij}^2 + \sum_{i \neq j} \sum p_{ij}^2 \qquad (7-3)$$

其中，r_{ij} 为变量 i 与 j 之间的相关系数，p_{ij} 为偏相关系数。根据前人的研究结果，可根据 KMO 的值将数据的拟合效果分为五类：拟合很好（0.8，1）、拟合较好（0.7，0.8）、拟合一般（0.6，0.7）、拟合不好（0.5，0.6）、拟合极端不好（0，0.5）。

2. 模型评价

模型评价是对数据和模型的拟合程度进行评价，模型评价的常用拟合指标有绝对拟合指数、相对拟合指数。其中，绝对拟合指数中 RMR 越接近 0 说明拟合效果越好，相对拟合指数中 CFI 越接近 1 说明拟合效果越好。

第三节　京津冀网络结构与协同发展机制研究

一、数据有效性检验

基于前文的分析，首先对京津冀城市群 9 个隐性变量数据进行有效性检验，检验通过说明变量可进行因子分析。其次采用 KMO 检验法进行检验，结果如表 7-4 所示。

表 7-4　京津冀城市群网络空间结构与协同发展有效性检验

指标	KMO	Sig.
综合生产力（PRO）	0.869	0.000
城市重力（CCM）	0.847	0.000
政府行为（GB）	0.696	0.000
市场行为（MAR）	0.817	0.000
城市基础设施（INF）	0.721	0.000
居住环境舒适度（CD）	0.686	0.000
居民素质（RQ）	0.663	0.000
政府环境政策（GE）	0.712	0.000
空气质量（AQ）	0.693	0.000

由表 7-4 可知，京津冀城市群网络空间结构与协同发展模型中的 9 个隐性变量的 KMO 值介于 0.663~0.869，最小值为 0.663，大多数因素拟合较好，说明这些隐性因子适合进入模型作为因子进行后续分析。

二、模型评价

使用 AMOS 对城市群网络空间结构与区域协同的数据进行计算，选用最大似然估计法得到拟合指数的值，如表 7-5 所示。京津冀城市群绝对拟合指数（RMR）的值为 0.044，接近 0，说明拟合效果好。相对拟合指数（CFI）的值为 0.918，接近 1，说明模型的整体拟合效果较好。

表7-5　优化前后京津冀城市群网络空间结构与协同拟合指数

拟合指数	优化前	优化后	标准
绝对拟合指数（RMR）	0.044	0.042	越接近0越好
相对拟合指数（CFI）	0.918	0.981	越接近1越好

具体路径计算结果如表7-6所示。通过分析网络空间结构与协同模型路径关系可知，在京津冀城市群网络空间结构与协同模型中，空气质量→区域协同和居住环境→区域协同的载荷系数分别为0.10和0.04，不显著。基于模型优化，将这两条路径去掉，重新进行路径估计，结果如表7-7所示。

表7-6　京津冀城市群网络空间结构与协同模型路径估计

路径	Estimate（未标准化）	S.E	C.R.	p	Estimate（标准化）
网络密度→节点中心度	0.355	0.060	5.932	0.01	0.341
区域协同→网络密度	0.343	0.060	7.034	0.01	0.418
居住环境→区域协同	0.065	0.079	3.243	0.04	0.067
空气质量→区域协同	0.252	0.076	4.675	0.10	0.211
基础设施→区域协同	0.412	0.066	4.631	0.01	0.365
市场行为→区域协同	0.523	0.051	6.957	0.01	0.433
城市重力→区域协同	0.551	0.070	5.346	0.01	0.412
综合生产力→区域协同	0.576	0.054	3.456	0.01	0.465
城市重力→居住环境	0.178	0.039	5.592	0.01	0.212
城市重力→空气质量	0.132	0.048	3.465	0.01	0.182
城市重力→基础设施	0.345	0.036	3.213	0.01	0.371
城市重力→市场行为	0.523	0.054	2.464	0.01	0.462
城市重力→综合生产力	0.501	0.048	2.645	0.01	0.481
网络密度→城市重力	0.472	0.032	4.234	0.01	0.492

表7-7　优化后京津冀城市群网络空间结构与协同模型路径估计

路径	Estimate（未标准化）	S.E	C.R.	p	Estimate（标准化）
网络密度→节点中心度	0.355	0.060	5.932	0.01	0.341
区域协同→网络密度	0.343	0.060	7.034	0.01	0.418
基础设施→区域协同	0.412	0.066	4.631	0.01	0.365
市场行为→区域协同	0.523	0.051	6.957	0.01	0.433

路径	Estimate（未标准化）	S. E	C. R.	p	Estimate（标准化）
城市重力→区域协同	0.551	0.070	5.346	0.01	0.412
综合生产力→区域协同	0.576	0.054	3.456	0.01	0.465
城市重力→居住环境	0.178	0.039	5.592	0.01	0.212
城市重力→空气质量	0.132	0.048	3.465	0.01	0.182
城市重力→基础设施	0.345	0.036	3.213	0.01	0.371
城市重力→市场行为	0.523	0.054	2.464	0.01	0.462
城市重力→综合生产力	0.501	0.048	2.645	0.01	0.481
网络密度→城市重力	0.472	0.032	4.234	0.01	0.492

去掉空气质量→区域协同和居住环境→区域协同两条路径后，重新计算模型的拟合系数，得到优化前后拟合系数的对比变化情况，如表7-5所示。根据拟合后的指数可知，去掉两条路径后，绝对拟合指数（RMR）的值减小到0.042，相对拟合指数（CFI）的值增加到0.981，更接近1，说明模型的拟合效果进一步得到了优化。

三、路径分析

前文构建的结构方程模型主要揭示了各隐性变量间的结构关系，这些关系在相互作用过程中又表现为直接效应、间接效应和总效应。根据模型计算结果，本书得到了京津冀城市群网络空间结构与协同发展的各隐性变量的相互作用效应值，如表7-8所示。

表7-8　城市群网络空间结构与协同各隐性变量的直接效应、间接效应与总效应

路径	直接效应	间接效应	总效应
网络密度→城市重力	0.342	0.144	0.486
网络密度→节点中心度	0.187	—	0.187
区域协同→网络密度	—	0.231	0.231
区域协同→节点中心度	—	0.259	0.259
区域协同→基础设施	0.216	—	0.216
区域协同→市场行为	0.321	—	0.321
区域协同→城市重力	0.265	0.142	0.407

路径	直接效应	间接效应	总效应
区域协同→综合生产力	0.261	—	0.261
城市重力→基础设施	—	0.382	0.382
城市重力→网络密度	0.221	0.176	0.397
城市重力→节点中心度	—	0.133	0.133
城市重力→市场行为	0.412	—	0.412
城市重力→综合生产力	0.158	0.231	0.389
居住环境→区域协同	—	0.125	0.125

在区域协同的影响方面，整体来看，不同隐性变量对区域协同的总效应为1.695。从影响路径来看，城市重力对区域协同既有直接效应又有间接效应，直接效应和间接效应分别为0.265和0.142。城市重力对区域协同的总效应最大，说明城市间的联系度对区域协同发展有重要的促进作用，节点城市间的联系越紧密，越有利于区域的协同发展。

在城市重力的影响方面，市场行为对城市重力具有直接效应，其值为0.412，说明市场调节直接影响区域间的联系。网络密度和综合生产力对城市重力既有直接效应又有间接效应，说明网络空间结构的网络密度和综合生产力是影响城市间联系的主要因素。网络密度越大，节点城市间的联系越紧密、节点城市间的综合生产力水平越高，节点城市间的联系也越紧密。

在网络密度的影响方面，除了受到节点中心度的影响外，城市重力对网络密度也具有直接效应和间接效应，其总效应达到了0.486。整体来看，城市间的联系越紧密，则城市群的网络密度越大，网络空间结构越稳定。

第四节　流空间视阈下京津冀城市群协同发展路径优化

一、流空间视阈下京津冀城市群协同发展路径优化目标

从国际层面来看，在经济全球化背景下，京津冀城市群在国际竞争和国内经

济发展中都承担着重大的使命。从全球竞争格局和国际空间格局来看，国际间的竞争已从城市间的竞争转向了区域间的竞争。竞争力有助于在全球范围内实现资源的优化配置，从而促进产业改造升级。中国作为世界第二大经济体，在全球经济发展中具有重要的影响力。京津冀城市群在中国拥有完善的现代产业体系，是国内重要的高端服务集聚区，具有高度的自主创新环境。同时，将京津冀城市群打造成世界级城市群，使其不仅在国内具有带动和引领作用，而且在国际上具有竞争力。

（一）突出京津冀城市群在促进国家区域协同发展中的重要作用

从全国层面来看，长三角城市群处于城市群发展的成熟期，已形成相对完善、稳定的网络空间结构，这种结构在带动区域协同发展中起着重要作用。但是，长三角城市群位于东部地区，其辐射圈主要在华东地区、华中地区，而华北地区缺少具有带动作用的城市群。作为带动我国沿海地区经济发展的"第三驾马车"，发展京津冀城市群对带动我国区域协同发展具有重要作用。

（二）将区域资源整合作为促进区域协同发展的有效途径

在快速城市化进程中，京津冀城市群的区域发展差距不断增大，核心城市发展带来的"大城市病"日益严重。依靠单个城市很难破解"大城市病"难题，必须通过区域间的协作来缓解中心城市的人口、资源压力，缩小区域间的发展差距，实现区域内资源的整合配置，提高区域整体竞争力，推动区域的优化升级。

（三）借助多中心网络结构优势带动京津冀城市群协同发展

根据前文的研究可知，多中心网络结构对促进区域协同发展有积极的正向作用。但是，目前京津冀城市群的多中心仅包括二级节点城市，如保定市、廊坊市等，缺少三级节点城市。因此，未来京津冀城市群需要继续向多中心网络结构方向发展。

二、流空间视阈下京津冀城市群区域协同优化路径

（一）强化主要联系路径，加强京津冀城市群内部城市的网络联系

通过分析京津冀网络结构与协同发展路径可知，城市群的网络密度、城市重力是影响城市群协同发展的主要因素，城市群的网络密度越高，城市间的联系度越大，城市重力就越强，在社会生产力、市场行为、政府行为等因素的共同作用下，城市群内部区域间的发展水平都将得到提高，城市间发展差距的缩小，有助于实现区域协同发展。以北京市、天津市为核心，重点提升石家庄市、保定市、

廊坊市和唐山市的辐射能力、资源整合能力，依托主要交通网络，充分发挥次级中心城市对相邻城市的带动作用。

京津冀一体化发展确定了京津冀城市群的城市功能定位，但对不同节点城市承担的职责需要进一步加强。要借助由北京城市副中心、雄安新区形成的新"一核两翼"空间格局，充分发挥核心城市在区域资源整合、产业布局优化等方面的辐射带动作用。针对不同节点城市的区位因素、经济水平、资源禀赋、功能定位，实行差异化政策倾斜，如沧州市在企业连接方面的联系度在逐渐上升，应加大对沧州市的企业布局、产业链等方面的投入力度。充分发挥每个节点城市的功能作用，带动城市群区域的全面发展。

（二）加强互联互通建设，推动网络空间结构的统一协调性

基于前文的分析，京津冀城市群北部（张家口市、承德市）、东部（秦皇岛市）、南部（沧州市）的节点城市间的联系度较低，是制约京津冀城市群提高整体网络密度的主要因素。而信息技术有效加强了边缘区域节点城市间的联系，充分发挥网络优势是提高区域协同发展的基础。因此，应大力发展信息网络技术，借助交通网络空间和互联网空间，提高城市群内节点城市间的通达性，构建以北京市、天津市为核心，以石家庄市、保定市、廊坊市、唐山市为次级中心的多中心网络结构，促进多中心结构下节点城市间的联动发展，带动边缘区域的节点城市提质扩容，形成多路径、高品质的网络空间结构。

复杂的多中心网络空间结构比单中心的金字塔网络空间结构更稳定，但复杂的多中心网络空间结构更强调不同节点城市的功能异质性和节点城市间的关联性。要根据不同节点城市的特点，明确其功能定位，通过统一协调、统一规划，实现城市群网络空间节点城市的互联互通，优势互补。如北京市是政治中心、文化中心、国际交流中心、科技创新中心，天津市是全国先进制造研发基地，河北省是产业转型升级试验区和现代商贸物流基地，将北京市、天津市的重工业迁移到河北省，要明确各节点城市的功能定位。同时，要在产业链上加强不同节点城市间的合作与竞争力，形成城市群网络空间内部要素的循环流动，从而带动区域的可持续发展。

（三）借助北京城市副中心和雄安新区，构建多中心城市群网络空间结构

2016年，北京城市副中心确认落地于通州区，将促使京津冀城市群形成新的增长极。北京城市副中心将带动河北省的廊坊市、天津市的武清区的发展，对提升京津冀地区协同发展具有重大意义。

雄安新区作为北京非首都功能疏解集中承载地，将与北京城市副中心共同形

成北京发展新的两翼，这有利于调整、优化京津冀城市群的空间结构。《京津冀协同发展规划纲要》提出要将京津冀打造成"一核、双城、三轴、四区、多中心"的空间格局。随着北京城市副中心的落地和雄安新区的提出，京津冀城市群进一步具象成为围绕首都的"三足拱卫""龙爪形"的城市形态，即构建以首都为核心，北京（副中心）、天津、雄安"三足拱卫"的组织架构，重塑京津冀城市群空间架构。

基于流空间视角分析"三足拱卫"的京津冀城市群空间格局。首先，借助北京城市副中心和雄安新区形成新的网络中心，以促进流要素（人流、物流、信息流、交通流、资金流）在城市群中的流动，加强城市群内部区域间的联系，扩大中心节点城市对周围城市的辐射范围，对加强京津冀城市群网络空间结构稳定性有正向促进意义。其次，"三足拱卫"的多中心结构可有效地促进区域间的资源优化配置，疏解中心城市发展的压力。最后，可在政策倾斜的背景下吸引更多的流要素在区域间的流动，带动京津冀城市群的发展。

（四）明确节点城市功能定位，增强城市间联系的发展动力

节点城市的功能定位是划分城市等级的重要依据，也是有效增强城市群内部节点城市间联系的内在动力。节点城市的功能定位与产业特征密切相关，不同节点城市应根据其产业特征，明确节点城市的功能定位。进而结合城市的自身优势因产兴业、因城施策，实现区域内城市间的有效联系。

北京市、天津市与河北省各节点城市在社会经济水平方面的差距较大，核心城市在不同流要素下的辐射带动效应不同。例如，在资金流方面，北京市、天津市与沧州市、保定市的联系度不断加强；在信息流方面，北京市与张家口市形成新的板块，天津市、唐山市、秦皇岛市、廊坊市形成新的板块，核心城市在不同流要素下对周围节点城市已显示出一定的带动作用。但是，各节点城市不仅要接受来自核心城市的辐射带动作用，更要发展自身的内部驱动力。因此，需要从优化节点城市内部的产业布局、加强人才引入、培育主导产业、构建区域完整产业链、构建创新系统等方面，提高节点城市自身竞争力和影响力。在城市群网络结构中要充分发挥节点城市的作用，从而推动城市群网络空间结构的稳定和可持续发展。

第五节 本章小结

　　本章构建了京津冀城市群协同发展的评价指标体系，借助结构方程模型，分析了流空间视阈下京津冀城市群网络空间结构与区域协同的影响因素。总体而言，城市群网络空间结构的网络密度、城市重力、市场行为和综合生产力的共同作用影响城市群的协同发展。基于模型结果可知，最终的路径与假设基本一致。进一步分析了京津冀城市群区域协同发展的目标和路径优化，从城市群的网络结构、功能定位、城市联系度及区域协调度四个方面提出了促进京津冀城市群协同发展的优化路径，对促进流空间下的城市群区域协同发展有重要的意义。

第八章　结论与讨论

本书以城市群为载体，在梳理相关研究的基础上，将流空间与地理空间相结合，分析了城市群空间格局的演化过程及存在的问题，综合应用流空间理论、中心地理论、复杂网络空间理论，从流空间视阈构建城市群网络结构，深入研究了流空间视阈下城市群网络空间结构的特征、效应和发展模式，总结了京津冀城市群网络空间结构的优化路径和政策建议。

第一节　主要结论

第一，京津冀城市群网络结构呈现出明显的多中心性。石家庄市、保定市、廊坊市、唐山市是新的重要节点城市，承担着不同的功能，显现出连通和辐射带动的效应。京津冀城市群网络结构呈"2+4+2+2"格局，核心城市包括北京市、天津市，两者的城市流强度超过了1000，属于第一层级。石家庄市、保定市、廊坊市、唐山市的城市流强度为200~500，属于第二层级。沧州市、秦皇岛市的城市流强度为100~200，属于第三层级。张家口市、承德市属于第四层级。这意味着，北京市、天津市是京津冀城市群的两个核心节点城市，在不同流要素下与周围节点城市均具有较强的联系。在人流要素下，石家庄市、保定市、廊坊市与北京市、天津市间的联系度明显增强；在信息流要素下，廊坊市、唐山市在城市群中与其他节点城市间的联系度较高，处于第二层级；在资金流要素下，廊坊市、沧州市、保定市与其他节点城市间的联系度仅次于北京市、天津市。整体来看，石家庄市、保定市、廊坊市、唐山市成为京津冀城市群中新的中心节点，京津冀城市群呈现出以北京市、天津市为核心，以石家庄市、保定市、廊坊市、唐山市为新的中心节点城市的多中心网络结构。

第二,流空间下的京津冀城市群网络结构稳定性增强。2015~2021年,在资金流、信息流和人流要素的作用下,京津冀城市群的节点中心度均呈增长趋势,城市群空间网络结构形成了闭合区域,网络结构密度增加了0.25,节点城市的网络等级都提升了一级。多中心网络结构加强了节点城市间的直接联系,次级节点城市初步显现出了辐射带动效应,说明城市群网络结构的稳定性在增强。

第三,京津冀城市群的网络结构在经济、环境、通达性上具有较好的耦合性。京津冀城市群网络结构与经济、环境、通达性的耦合度都大于0.89,说明各节点城市在经济效应、环境效应和通达性效应间的相互作用较强。但是,除北京市、天津市、廊坊市的耦合协调度属于一般协调外,其他节点城市的耦合协调度都处于轻度失调状态,说明京津冀城市群区域发展的协同性有待进一步提高。

第四,提高京津冀城市群节点城市综合生产力,加强城市间的联系,提升网络结构稳定性,将是推进京津冀城市群协同发展的有效途径。城市综合生产力对提高城市间联系度既有直接效应又有间接效应。城市间的联系度直接影响城市的网络密度,网络密度越高,城市结构越稳定。这说明在京津冀城市群中,提高城市综合生产力,能促进节点城市间的联系度,形成多中心空间格局,凸显节点城市的作用,缩小节点城市间的差距,进而推进区域协同发展。

第二节 若干讨论

第一,本书从流空间视阈分析了城市群网络空间结构特征、形成模式和影响因素。基于多元流要素构建了城市群网络空间结构,并从宏观层面和微观层面分析了城市群网络空间结构的特征。通过流空间识别了城市群网络结构中的次级中心。在未来的研究城市群网络结构中,应深入思考未来城市形态的走向,以超大城市、都市圈发展为背景,继续研究城市网络结构如何充分发挥其功能作用,进而促进区域协同发展。

第二,本书对流空间下城市群网络空间结构效应下的经济、环境和通达性三大系统的耦合性进行了分析,并分析了网络空间结构的综合效应。下一步研究应基于本书的整体架构,深化研究细节,以现有的研究框架为基础,针对流要素的多元化进行更深入的研究。例如,讨论网络结构与区域协同发展的可行性路径、关注城市空间更新与流要素的相互影响、分析城市功能分工和流要素在空间上的流向与累积的相互作用等。

第三，本书分析了流空间下京津冀城市群网络结构对区域协同的可能影响，评估了城市群协同发展的影响因素，模拟了京津冀城市群区域协同发展的路径。但受研究数据、理论基础、研究时间等多种因素的影响，尚存在不足之处。在数据应用方面，可加强手机数据、道路数据、POI 数据等大数据的广泛应用。随着数据开放和共享增强、城市大脑等项目的落地，未来的城市网络结构发展研究将拥有更多的素材，整合并妥善利用数据将成为研究的巨大助力。在后续研究中应尝试利用大数据来分析智慧城市的网络结构特征。

参考文献

［1］ Adams P, Ghose R. The Construction of a Space between India ［J］. Progress in Human Geography, 2009, 27 (4).

［2］ Adolphson M. Erratum for "Estimating a Polycentric Urban Structure. Case Study: Urban Changes in the Stockholm Region 1991–2004" by Marcus Adolphson ［J］. Journal of Urban Planning & Development, 2010, 48 (2).

［3］ Alderson A S A J. Power and Position in the World City System ［J］. American Journal of Sociology, 2014, 109 (4).

［4］ Alfred B. Hippodamus and the Planned City ［J］. Historia Zeitschrift Für Alte Geschichte, 1976, 25 (4).

［5］ Ampuja M. Between the Old and the New: Manuel Castells, the Media and the Space of Flows ［M］. Holland: Brill, 2012.

［6］ Andrienko G, Andrienko N, Fuchs G, et al. Revealing Patterns and Trends of Mass Mobility Through Spatial and Temporal Abstraction of Origin−Destination Movement Data ［J］. IEEE Transactions on Visualization and Computer Graphics, 2017, 23 (9).

［7］ Appadurai A. Modernity at Large: Cultural Dimensions of Globalization ［J］. International Migration Review, 2008, 1 (4).

［8］ Arysek. The City, Its Inhabitants and the Urban Living Environment in the Conditions of Advancing Motorisation (An Example of Poznań) ［J］. Bulletin of Geography. Socio−economic Series, 2017, 38 (2).

［9］ Berliant M. Central Place Theory ［J］. Urban/Regional, 2005 (2).

［10］ Berry B J. Market Centers and Retail Location Theory and Application ［J］. Prentice Hall, 1988, 33 (10).

［11］Brown E D, De Rudder B, Parnreiter C, et al. World City Networks and Global Commodity Chains: Towards a World-systems' Integration ［J］. Global Networks, 2019, 10 (1).

［12］Buchin K, Speckmann B, Verbeek K. Flow Map Layout via Spiral Trees ［J］. IEEE Transactions on Visualization & Computer Graphics, 2011, 17 (12).

［13］Burger M M E. Form Follows Function? Linking Morphological and Functional Polycentricity ［J］. Urban Studies, 2012, 49 (5).

［14］Camagni R, Capello R. The City Network Paradigm: Theory and Empirical Evidence ［J］. Contributions to Economic Analysis, 2004, 266 (3).

［15］Castells M. The Informational City: Information, Technology, Economic Restructuring and Urban-Regional Process ［M］. Oxford: Blackwell Publishing Ltd, 1989.

［16］Castells M. The Space of Flows ［M］. Wiley-Blackwell, 2010.

［17］Castells M. Grassrooting the Space of Flows ［J］. Urban Geography, 2013, 20 (4).

［18］Cervero R, Landis J. Suburbanization of Jobs and the Journey to Work: A Submarket Analysis of Commuting in the San Francisco Bay Area ［J］. Journal of Advanced Transportation, 2018, 26 (3).

［19］Chen Y, Xia L, Yong Z, et al. Estimating the Relationship between Urban forms and Energy Consumption: A Case Study in the Pearl River Delta, 2005-2008 ［J］. Landscape & Urban Planning, 2011, 102 (1).

［20］Chen Z, Guan J. The Core-Peripheral Structure of International Knowledge Flows: Evidence from Patent Citation Data ［J］. R&D Management, 2016, 46 (1).

［21］Chio S, Lehto X Y, Oleary J T. What Does the Consumer Want from a DMO Website? A Study of US and Canadian Tourists' Perspectives ［J］. International Journal of Tourism Research, 2007, 9 (2).

［22］Chun Y, Griffith D A. Modeling Network Autocorrelation in Space-Time Migration Flow Data: An Eigenvector Spatial Filtering Approach ［J］. Annals of the Association of American Geographers, 2011, 101 (3).

［23］Courchene T J. Ontario as a North American Region State, Toronto as a Global City Region: Responding to the NAFTA Challenge in A J Scott Global City-

Regions: Trends, Theory, Policy [M]. Oxford: Oxford University Press, 2001.

[24] Derudder B, Witlox F. An Appraisal of the Use of Airline Data in Assessing the World City Network: A Research Note on Data [J]. Urban Studies, 2019, 42 (13).

[25] Ding R, Ujang N, Hamid H B, et al. Detecting the Urban Traffic Network Structure Dynamics through the Growth and Analysis of Multi-Layer Networks [J]. Physica A: Statistical Mechanics and its Applications, 2018, 503 (2).

[26] Ducret R, Lemarié B, Roset A. Cluster Analysis and Spatial Modeling for Urban Freight. Identifying Homogeneous Urban Zones Based on Urban Form and Logistics Characteristics [J]. Transportation Research Procedia, 2016, 12 (3).

[27] Düring S S A V O. Applied Spatial Accessibility Analysis for Urban Design: An Integrated Graph-gravity Model Implemented in Grasshopper [J]. Blucher Design Proceedings, 2019 (3).

[28] Eunjung N, Kim J. Comparing the Attributes of Online Tourism Information Sources [J]. Information & Management, 2017, 54 (6).

[29] Fan Y, Zhang S, He Z, et al. Spatial Pattern and Evolution of Urban System Based on Gravity Model and Whole Network Analysis in the Huaihe River Basin of China [J]. Discrete Dynamics in Nature and Society, 2018, 645 (4).

[30] Franzese O. Streamlining Transportation Corridor Planning Processess: Freight and Traffic Information [J]. Geographic Information Systems, 2018, 213 (5).

[31] Fujita M, Ogawa H. Multiple Equilibria and Structural Transition of Non-monocentric Urban Configurations [J]. Regional Science & Urban Economics, 2014, 12 (2).

[32] Florida R. Toward the Learning Region [J]. Futures, 1995, 27 (5).

[33] GaW C. The World According to GaWC 2018 [EB/OL]. http: //www. lboro. ac. uk/gawc/world2018t. html.

[34] Giuliano G, Small K. Is the Journey to Work Explained by Urban Structure? [J]. Urban Studies, 2013, 30 (9).

[35] Gottman J. Megalopolis or the Urbanization of the Northeastern [J]. Economic Geography, 1957, 33 (3).

[36] Guo D, Zhu X, Jin H, et al. Discovering Spatial Patterns in Origin-Desti-

nation Mobility Data [J]. Transactions in GIS, 2012, 34 (5).

[37] Guo M, Nowakowska-Grunt J, Gorbanyov V, et al. Green Technology and Sustainable Development: Assessment and Green Growth Frameworks [J]. Sustainability, 2020, 12 (16).

[38] Gurney K R, Mendoza D L, Zhou Y, et al. Emission Fluxes for the United States [J]. Environmental Science & Technology, 2015, 43 (12).

[39] Hargittai E. Weaving the Western Web Explaining Differences in Internet Connectivity among OECD Countries [J]. Telecommunications Policy, 2015, 23 (10).

[40] Hashimoto K. Information Network and the Distribution Space in Japan [J]. The Professional Geographer, 2002, 16 (1).

[41] Helin L, Elisabete A. Creative Industries Urban Model Structure and Functioning [J]. Proceedings of the Institution of Civil Engineers-Urban Design and Planning, 2015, 168 (2).

[42] Henderson E. Are Chinese Cities Too Small? [J]. Review of Economic Studies, 2010 (3).

[43] Hennemann S, Derudder B. An Alternative Approach to the Calculation and Analysis of Connectivity in the World City Network [J]. Environment and Planning B: Planning and Design, 2014, 41 (3).

[44] Himanen P. The Hacker Ethic and the Spirit of the Information Age [M]. London: Max Weber Studies, 2001.

[45] Joyez C. NWSTRENGTHCENT: Stata Module to Compute Freeman's Centrality Index (1979) for Strength Centrality [J]. Statistical Software Components, 2016, 564 (3).

[46] Jun, Myung-Jin. Commuting Patterns of New Town Residents in the Seoul Metropolitan Area [J]. Journal of the Korean Regional Development Association, 2017, 21 (3).

[47] Kang C, Qin K. Understanding Operation Behaviors of Taxicabs in Cities by Matrix Factorization [J]. Computers, Environment and Urban Systems, 2016, 60 (4).

[48] Khanani R S, Adugbila E J, Martinez J A, et al. The Impact of Road Infrastructure Development Projects on Local Communities in Peri-Urban Areas: The Case

of Kisumu, Kenya and Accra, Ghana ［J］. International Journal of Community Well-Being, 2020, 23 (5).

［49］Kim S, Lee K Y, Shin S I, et al. Effects of Tourism Information Quality in Social Media on Destination Image Formation: The Case of Sina Weibo ［J］. Information & Management, 2017, 54 (6).

［50］Lee, Hyun-Jae. Haunting Space as Reading Texts: Humanities and the Concept of Relational Space ［J］. Outside : English Studies in Korea, 2013 (34).

［51］Lee B, Gordon P. Urban Spatial Structure and Economic Growth in US Metropolitan Areas ［R］. Working Paper, 2007.

［52］Lee B. "Edge" or "Edgeless Cities"? Urban Spatial Structure in US Metropolitan Areas, 1980 to 2000 ［R］. Working Paper, 2006, 47 (3).

［53］Lester C. Thurow the Competitive Advantage of Nations ［J］. Competitive Intelligence Review, 2010, 2 (1).

［54］Li X. Thinking Caused by Rereading Howard's Garden Cities of Tomorrow after a Century ［J］. Advanced Materials Research, 2012 (3).

［55］Liang H, Zheng Y, Yung D, et al. Detecting Urban Black Holes Based on Human Mobility Data: Sigspatial International Conference on Advances in Geographic Information Systems ［C］. Proceedings of the 23rd Sigspatial International Conference on Advanced in Geographic Informati on Systems, 2015.

［56］Liao Z, Shi X. Web Functionality, Web Content, Information Security, and Online Tourism Service Continuance ［J］. Journal of Retailing and Consumer Services, 2017, 39 (2).

［57］Liu Y, Tong D, Liu X. Measuring Spatial Autocorrelation of Vectors ［J］. Geographical Analysis, 2015, 47 (3).

［58］Liu Z. Transborder Information Flow through Human Movement: Implications for Professional Interactions ［J］. The International Information & Library Review, 2004, 36 (1).

［59］Liu Z, Huang Q, He C, et al. Water-energy Nexus within Urban Agglomeration: An Assessment Framework Combining the Multiregional Input-output Model, Virtual Water, and Embodied Energy ［J］. Resources, Conservation and Recycling, 2021 (164).

［60］Lordan O, Sallan J M. Core and Critical Cities of Global Region Airport

Networks [J]. Statistical Mechanics and its Applications, 2019, 513 (3).

[61] Lu Y, Thill. Assessing the Cluster Correspondence between Paired Point Locations [J]. Geographical Analysis, 2010, 35 (4).

[62] Manuel C. The Information City: Information, Technology, Economic Restructuring and Urban Regional Process [M]. Oxford: Blackwell Publishing Ltd., 1989.

[63] Marshall A. The Principles of Economics [M]. Minnesota: University of Minnesota Libraries Publishing, 1992.

[64] Masato H. Japan's Past, Present and Future in East Asia: Thoughts from the Perspective of the Transformation of Urban Agglomerations (Japanese) [J]. Policy Discussion Papers (Japanese), 2005 (6).

[65] Matsumoto H. International Urban Systems and Air Passenger and Cargo Flows: Some Calculations [J]. Journal of Air Transport Management, 2004, 10 (4).

[66] McDonald J F. Fundamentals of Urban Economics [J]. Prentice Hall Upper Saddle River, 2007, 2 (3).

[67] Megee. New Regions of Emerging Rural-Urban Mixin Asia: Implications for National and Regional Policy [J]. Bangkok, 1989, 44 (19).

[68] Mei N. Comparison of Population and Industrial Structure between Urban Agglomerations of the Pearl River Delta and World-Class Urban Agglomerations [J]. Modern Economy, 2019, 10 (3).

[69] Mitchelson R L, Wheeler J O. The Flow of Information in a Global Economy: The Role of the American Urban System in 1990 [J]. Annals of the Association of American Geographers, 1994, 84 (1): 87-107.

[70] Montis A D, Barthélemy M, Chessa R, et al. The Structure of Interurban traffic: A Weighted Network Analysis [J]. Environment and Planning B, 2020, 34 (5).

[71] Moore M, Gould P, Keary B S. Global Urbanization and Impact on Health [J]. International Journal of Hygiene and Environmental Health, 2003, 206 (4).

[72] Motohashi K. Firm-level Analysis of Information Network Use and Productivity in Japan [J]. Journal of the Japanese and International Economies, 2007, 21 (1).

［73］Nanni M, Pedreschi D. Time-focused Clustering of Trajectories of Moving Objects ［J］. Journal of Intelligent Information Systems, 2016, 27 （3）.

［74］Newman M, Girvan M. Finding and Evaluating Community Structure in Networks ［J］. Physical Review E, 2014 （3）.

［75］Norman D P. The new regionalism in Asia and the Pacific ［M］. Mass: Lexington Books, 1991.

［76］Omer O A. The Economic Geography of the Tourist Industry by U. S. Metro Politan Area: A Supply-side Analysis ［M］. London: Routledge, 2010.

［77］Perrotti D, Iuorio O. Green Infrastructure in the Space of Flows——An Urban Metabolism Approach to Bridge Environmental Performance and User's Wellbeing ［M］. Berlin: Springer-Verlag, 2019.

［78］Perroux F. A Note on the concept of Growth Poles ［J］. Papers of the Regional Science Association, 1970, 29 （2）.

［79］Peter H. The Polycentric Metropolis. Learning from Mega-city Regions in Europe ［J］. European Planning Studies, 2008, 16 （2）.

［80］Petty W. Taxation Theory ［M］. London: Publishing House, 2006.

［81］Pines D. Economics of Agglomeration: Cities, Industrial Location and Regional Growth ［J］. Regional Science and Urban Economics, 2005, 35 （5）.

［82］Qicheng T. SAR Image Simulation and Verification for Urban Structures ［J］. Advanced Materials Research, 2014 （2）.

［83］Ran T, Thill J C, Depken C, et al. Flow Hdbscan: A Hierarchical and Density-Based Spatial Flow Clustering Method ［C］. Urban GIS17: 3rd ACM Sigspatial Workshop on Smart Cities and Urban Analytics, 2017.

［84］Ribeiro I, Valente J, Amorim J H, et al. Air Quality Modelling and Its Applications ［J］. Environmental Modelling & Software, 2014, 21 （4）.

［85］Ricardo D. On the Principles of Political Economy and Taxation ［M］. London: Liberty Fund Publication, 2008.

［86］Roick O, Heuser S. Location Based Social Networks-Definition, Current State of the Art and Research Agenda ［J］. Transactions in Gis, 2013, 17 （5）.

［87］Rossi E C, Beaverstock J V, Taylor P J. Transaction Links through Cities: "Decision Cities" and "Service Cities" in Outsourcing by Leading Brazilian Firms ［J］. Geoforum, 2007, 38 （4）.

［88］Rosvall M. Maps of Random Walks on Complex Networks Reveal Community Structure ［J］. National Academy of Sciences Stable, 2008, 105 （4）.

［89］Russell B. Beyond the Local Trap: New Municipalism and the Rise of the Fearless Cities ［J］. Antipode, 2019, 23 （3）.

［90］S B, L P, F S. Productivity, Welfare And Reallocation : Theory and firm Level Evidence ［J］. Research Review, 2009 （2）.

［91］Saldarriaga J F, Hua Y. A Gravity Model Analysis of Forced Displacement in Colombia ［J］. Cities, 2019, 95 （2）.

［92］Say J B. A Treatise on Political Economy; Or the Production, Distribution, and Consumption of Wealth ［J］. History of Economic Thought Books, 2009, 136 （2）.

［93］Scott S. Transnational Exchanges amongst Skilled British Migrants in Paris ［J］. Population Space & Place, 2019, 10 （5）.

［94］Shandas V, Parandvash G H. Integrating Urban form and Demographics in Water-demand Management: An Empirical Case Study of Portland, Oregon ［J］. Environment & Planning B Planning & Design, 2010, 37 （1）.

［95］Sharpe I J. The Rise of the Meso Government in Europe ［M］. London: Sage Publications, 1993.

［96］Smith A. An Inquiry into the Nature and Causes of the Wealth of Nations ［M］. London: Yilin Publication, 2008.

［97］Smith J. Telecommunications Switching, Traffic and Networks ［J］. Cities, 2008, 23 （4）.

［98］Song C, T P T M. Detecting Arbitrarily Shaped ［J］. Detecting Arbitrarily Shaped Clusters in Origin-Destination Flows Using Ant Colony Optimization, 2019, 33 （1）.

［99］Spiridonov I A. Action of a Graph Automorphism on the Space of Flows ［J］. Mathematical Notes, 2019, 106 （1）.

［100］Stalder F. The Space of Flows: Notes on Emergence, Characteristics and Possible Impact on Physical Sapce ［J］. Sociologia Ruralis, 2001, 45 （2）.

［101］Stephen, Graham. Telecommunications and the Future of Cities: Debunking the Myths ［J］. Cities, 2010 （3）.

［102］Sun Q, Wang S, Zhang K, et al. Spatial Pattern of Urban System Based on Gravity Model and Whole Network Analysis in Eight Urban Agglomerations of China [J]. Mathematical Problems in Engineering, 2019, 32 (3).

[103] Saskia, Sassen. Cityness in the Urban Age [M]. Urban Age Bulletin: Autumn, 2005.

[104] Tao R T J C A. A Density-Based Spatial Flow Cluster Detection Method [R]. International Conference on Giscience Short Paper Proceedings, 2016.

[105] Taylor P J. External Urban Relational Process: Introducing Central Flow Theory to Complement Central Place Theory [J]. Urban Studies, 2010, 47 (13).

[106] Taylor P J. Specification of the World City Network [J]. Geographical Analysis, 2001, 33 (2).

[107] Taylor P J. New Political Geographies: Global Civil Society and Global Governance through World City Networks [J]. Political Geography, 2005, 24 (6).

[108] Timberlake M. The Polycentric Metropolis: Learning from Mega-City Regions in Europe [J]. Journal of the American Planning Association, 2008, 74 (3).

[109] Tomko M, Winter S. Describing the Functional Spatial Structure of Urban Environments [J]. Computers, Environment and Urban Systems, 2013, 41 (3).

[110] Wolfe A W. Social Network Analysis: Methods and Applications [J]. Contemporary Sociology, 1995, 91 (4).

[111] Wouter J, Hans K. The Location and Global Network Structure of Maritime [J]. Urban Studies, 2011, 48 (13).

[112] Xu J, Li A, Li D, et al. Difference of Urban Development in China from the Perspective of Passenger Transport Around Spring Festival [J]. Applied Geography, 2017, 87 (2).

[113] Xue J D F. The Impact of Non-Public Economic Development on the Labor Market [J]. Economic Issues in China, 2013, 281 (3).

[114] Zhu X, Guo D. Mapping Large Spatial Flow Data with Hierarchical Clustering [J]. Transactions in GIS, 2014, 18 (3).

[115] Zook M A. Underground Globalization: Mapping the Space of Flows of the Internet Adult Industry [J]. Environment and Planning A, 2003, 43 (3).

[116] Mark Dodgson, Roy Rothwell. 创新聚集——产业创新手册 [M]. 陈

劲等译．北京：清华大学出版社，2000．

［117］艾少伟，苗长虹．从"地方空间"、"流动空间"到"行动者网络空间"：ANT 视角［J］．人文地理，2010，25（2）．

［118］安海彦，姚慧琴．环境污染与区域经济竞争力互动关系的研究：基于西部地区面板 VAR 模型的实证分析［J］．技术经济，2019，38（12）．

［119］安虎森，陈明．工业化、城市化进程与我国城市化推进的路径选择［J］．南开经济研究，2005（1）．

［120］巴凯斯，路紫．从地理空间到地理网络空间的变化趋势：兼论西方学者关于电信对地区影响的研究［J］．地理学报，2000（1）．

［121］北京市统计局．北京统计年鉴［M］．北京：北京统计局，2021．

［122］蔡莉丽，马学广，陈伟劲，等．基于客运交通流的珠三角城市区域功能多中心特征研究［J］．经济地理，2020，33（11）．

［123］曹小曙，林强．基于结构方程模型的广州城市社区居民出行行为［J］．地理学报，2018（2）．

［124］陈伟劲，马学广，蔡莉丽，等．珠三角城市联系的空间格局特征研究：基于城际客运交通流的分析［J］．经济地理，2019，33（4）．

［125］陈阳．京津冀地区城市体系演化研究：基于关联网络和价值区段的分析方法［C］//多元与包容：2012 中国城市规划年会论文集（01．城市化与区域规划研究），2012．

［126］邓元慧．城际轨道交通与城市群空间结构演化及协调研究［D］．北京交通大学博士学位论文，2015．

［127］丁成日．城市规划与空间结构［M］．南京：东南大学出版社，2005．

［128］丁成日．空间结构与城市竞争力［J］．地理学报，2004（1）．

［129］丁任重，张航．城市首位度与区域经济增长的互动：基于空间多重形式分析［J］．当代经济科学，2020，42（5）．

［130］董超，李正风．信息时代的空间观念：对流空间概念的反思与拓展［J］．自然辩证法研究，2014（2）．

［131］董超，修春亮，魏冶．基于通信流的吉林省流空间网络格局［J］．地理学报，2014，69（4）．

［132］董琦，甄峰．基于物流企业网络的中国城市网络空间结构特征研究［J］．人文地理，2013，28（4）．

［133］段德忠，杜德斌，刘承良．上海和北京城市创新空间结构的时空演

化模式［J］．地理学报，2015，70（12）．

［134］范进．城市密度对城市能源消耗影响的实证研究［J］．中国经济问题，2015（6）．

［135］方创琳．城市群空间范围的识别标准［J］．中国特色社会主义研究，2011（2）．

［136］冯长春，谢旦杏，马学广，等．基于城际轨道交通流的珠三角城市区域功能多中心研究［J］．地理科学，2014，34（6）．

［137］奉钦亮，张大红．我国林业产业区域竞争力实证研究［J］．北京林业大学学报（社会科学版），2010，9（1）．

［138］复旦发展研究院课题组．关于上海圈形战略的构想［J］．财经研究，1993（9）．

［139］高汝熹，罗守贵．2006都市圈评价报告［M］．上海：上海三联书店，2007.

［140］高鑫，修春亮，魏冶．城市地理学的"流空间"视角及其中国化研究［J］．人文地理，2012，27（4）．

［141］高楹，宋辞，舒华，等．北京市摩拜共享单车源汇时空特征分析及空间调度［J］．地球信息科学学报，2018，20（8）．

［142］葛亚宁．北京城市空间结构对其热环境效应的影响研究［J］．遥感技术与应用，2018，21（3）．

［143］顾朝林．中国城市经济区划分的初步研究［J］．地理学报，1991（2）．

［144］关晓光，刘柳．基于修正引力模型的京津冀城市群空间联系分析［J］．城市问题，2014（11）．

［145］郭丽娟，王如渊．四川盆地城市群主要城市通达性及空间联系强度研究［J］．人文地理，2009，3（2）．

［146］国家发展和改革委员会．关于培育发展现代化都市圈的指导意见［R］．2019.

［147］何春阳，陈晋，史培军，等．大都市区城市扩展模型：以北京城市扩展模拟为例［J］．地理科学，2003，58（2）．

［148］何晓群．应用多元统计分析［M］．北京：中国统计出版社，2010.

［149］河北省统计局．河北经济年鉴［M］．北京：中国统计出版社，2021.

［150］胡国建，陈传明，侯雨峰，等．基于百度指数的黑龙江省城市网络研

究［J］．地域研究与开发，2018，37（1）．

［151］胡国建，陈传明，金星星，等．中国城市体系网络化研究［J］．地理学报，2019，74（4）．

［152］胡迺武．三次产业演进规律与我国产业结构变动趋势［J］．经济纵横，2017（6）．

［153］黄建中，胡刚钰，赵民，等．大城市"空间结构—交通模式"的耦合关系研究：对厦门市的多情景模拟分析和讨论［J］．城市规划学刊，2017（6）．

［154］黄经南，王存颂，Jefferey Sellers．基于城市流强度测度的内陆与沿海城市群比较研究：以武汉市城市群和长三角城市群为例［J］．现代城市研究，2017（7）．

［155］黄言，宗会明，罗舒畅，等．中国超大城市群陆路交通网络格局及可达性比较研究［J］．现代城市研究，2019（4）．

［156］黄阳涛．江苏医疗卫生资源配置的人口分布及公平性研究［J］．中国医疗保险，2013.

［157］姜博，王媛．东北地区城市功能联系演进的时空格局分析［J］．经济地理，2014，34（8）．

［158］克里斯塔勒．德国南部中心地原理［M］．北京：商务印书馆，2010.

［159］黎智枫，赵渺希．赛博空间视角下中国三大城市群网络特征：基于豆瓣跨城活动数据［J］．人文地理，2016，31（6）．

［160］李国平，孙铁山．网络化大都市：城市空间发展新模式［J］．城市发展研究，2013，20（5）．

［161］李茜，胡昊，李名升，等．中国生态文明综合评价及环境、经济与社会协调发展研究［J］．资源科学，2015，37（7）．

［162］李世峰．大城市边缘区有序协调发展机理研究［J］．中国人口·资源与环境，2010，20（1）．

［163］梁红梅，刘卫东，刘会平，等．深圳市土地利用社会经济效益与生态环境效益的耦合关系研究［J］．地理科学，2008（5）．

［164］梁宇，郑新奇，宋清华，等．中国大陆交通网络通达性演化［J］．地理研究，2017，36（12）．

［165］林海明，杜子芳．主成分分析综合评价应该注意的问题［J］．统计

研究，2013，30（8）．

［166］林宏．世界都市圈发展的借鉴与启示［J］．统计科学与实践，2017（1）．

［167］刘激光，陶红军．空间经济、区域经济和新经济地理学科体系梳理［J］．华东交通大学学报，2011（1）．

［168］刘晓峰，陈钊，陆铭．社会融合与经济增长：城市化和城市发展的内生政策变迁［J］．世界经济，2018（6）．

［169］刘永亮．中国城市规模经济的测度［J］．统计与决策，2018（11）．

［170］刘子长．国际大都市圈城市空间结构形态与轨道交通系统研究［J］．交通与运输（学术版），2018（2）．

［171］龙小宁，高翔．交通基础设施与制造业企业生产率：来自县级高速公路和中国工业企业数据库的证据［J］．华中师范大学学报（人文社会科学版），2014，53（5）．

［172］卢中辉．都市圈边缘区空间经济联系机理及效应研究［D］．华中师范大学博士学位论文，2018.

［173］陆璐，魏冶，庞瑞秋，等．航空企业视角的中国航空客运网络组织模式［J］．地理科学，2019，39（4）．

［174］罗莹路．连接过程与模式：巴塞罗那和米兰大都市区的空间规划、治理与城市蔓延［J］．城市规划学刊，2018（1）．

［175］罗震东，何鹤鸣，耿磊．基于客运交通流的长江三角洲功能多中心结构研究［J］．城市规划学刊，2019（2）．

［176］吕正中，赖世刚．全球城市网络连结形态之探讨：以飞机航线为例［J］．建筑与规划学报，2018，9（2）．

［177］马学广，李贵才．全球流动空间中的当代世界城市网络理论研究［J］．经济地理，2011，31（10）．

［178］马跃东，阎小培．珠海改革开放20年城市发展的理性思考［J］．经济地理，2004（1）．

［179］宁越敏．论中国城市群的界定和作用［J］．城市观察，2016（1）．

［180］宁越敏，张凡．基于全球航班流数据的世界城市网络连接性分析［J］．南京社会科学，2015（11）．

［181］牛方曲，刘卫东．基于互联网大数据的区域多层次空间结构分析研究［J］．地球信息科学学报，2016，18（6）．

［182］牛俊伟．从城市空间到流动空间：卡斯特空间理论述评［J］．中南

大学学报（社会科学版），2014，20（2）.

［183］潘鑫，宁越敏. 长江三角洲都市连绵区城市规模结构演变研究［J］. 人文地理，2008（3）.

［184］邱坚坚，刘毅华，陈浩然，等. 流空间视角下的粤港澳大湾区空间网络格局：基于信息流与交通流的对比分析［J］. 经济地理，2019，39（6）.

［185］申玉铭，杨彬彬，张云. 资源型城市的生态环境问题与综合整治：以济宁市为例［J］. 地理研究，2016（3）.

［186］沈丽珍，甄峰，席广亮. 解析信息社会流动空间的概念，属性与特征［J］. 人文地理，2012，27（4）.

［187］沈丽珍. 流动空间［M］. 南京：东南大学出版社，2010.

［188］沈丽珍，江昼，于涛. 新时期城市空间的流动特征［J］. 城市问题，2009（6）.

［189］世界银行. 2010 世界发展指标［M］. 北京：中国财政经济出版社，2010.

［190］宋吉涛，方创琳，宋敦江. 中国城市群空间结构的稳定性分析［J］. 地理学报，2006，61（12）.

［191］孙斌栋，王旭辉，蔡寅寅. 特大城市多中心空间结构的经济绩效：中国实证研究［J］. 城市规划，2015，39（8）.

［192］孙斌栋，涂婷，石巍，等. 特大城市多中心空间结构的交通绩效检验：上海案例研究［J］. 城市规划学刊，2013（2）.

［193］孙斌栋，潘鑫. 城市空间结构对交通出行影响研究的进展：单中心与多中心的论争［J］. 城市问题，2008（1）.

［194］孙阳，姚士谋，张落成. 长三角城市群"空间流"层级功能结构：基于高铁客运数据的分析［J］. 地理科学进展，2016，35（11）.

［195］孙中伟，路紫. 流空间基本性质的地理学透视［J］. 地理与地理信息科学，2005（1）.

［196］覃成林，李红叶. 西方多中心城市区域研究进展［J］. 人文地理，2012，26（1）.

［197］唐佳，甄峰，汪侠. 卡斯特"网络社会理论"对于人文地理学的知识贡献：基于中外引文内容的分析与对比［J］. 地理科学，2020（8）.

［198］天津市统计局. 天津统计年鉴［M］. 北京：中国统计出版社，2021.

［199］汪明峰，宁越敏. 互联网与中国信息网络城市的崛起［J］. 地理学

报，2004，59（3）．

［200］汪明峰，宁越敏．城市的网络优势：中国互联网骨干网络结构与节点可达性分析［J］．地理研究，2006（2）．

［201］汪筱阳．应用复杂网络的航空维修安全信息辐射模型［J］．哈尔滨工业大学学报，2016，48（5）．

［202］汪鑫，罗震东，朱查松，等．中心与腹地的辩证：基于企业联系的苏州、宁波区域空间关系比较研究［J］．城市规划学刊，2014（5）．

［203］王搏．基于耦合模型的我国区域经济与生态环境协调发展动态研究［D］．湖南大学博士学位论文，2014．

［204］王德．评介富田和晓的《大都市圈的结构演变》一书［J］．城市规划汇刊，2002（2）．

［205］王姣娥，景悦．中国城市网络等级结构特征及组织模式：基于铁路和航空流的比较［J］．地理学报，2017，72（8）．

［206］王开泳，邓羽．基于微博数据的中原城市群空间联系强度测度［J］．中国科学院大学学报，2016，33（6）．

［207］王萌．基于跨国公司价值链的多元世界城市网络研究［J］．商业经济研究，2015（7）．

［208］王启轩，张艺帅，程遥．信息流视角下长三角城市群空间组织辨析及其规划启示术——基于百度指数的城市网络辨析［J］．城市规划学刊，2018（6）．

［209］王士君，廉超，赵梓渝．从中心地到城市网络：中国城镇体系研究的理论转变［J］．地理研究，2019，38（1）．

［210］王兴平．都市区化：中国城市化的新阶段［J］．城市规划汇刊，2002（4）．

［211］王兴平，朱凯．都市圈创新空间：类型、格局与演化研究：以南京都市圈为例［J］．城市发展研究，2015，22（7）．

［212］王艳茹，谷人旭．长三角地区城市网络结构及其演变研究：基于企业联系的视角［J］．城市发展研究，2019，26（6）．

［213］王垚，钮心毅，宋小冬．"流空间"视角下区域空间结构研究进展［J］．国际城市规划，2017，32（6）．

［214］王雨晴，宋戈．城市土地利用综合效益评价与案例研究［J］．地理科学，2006（6）．

［215］王玉海，张鹏飞．京津冀协同发展的空间重构与城市间结构效应分析［J］．理论与现代化，2019（5）．

［216］王建华．地理距离、法律制度临近与国际知识扩散模式［J］．科学学研究，2015（7）．

［217］魏冶，修春亮，刘志敏，等．春运人口流动透视的转型期中国城市网络结构［J］．地理科学，2016，36（11）．

［218］吴乘月．中部地区城市网络特征研究：基于信息网络关联［C］．城乡治理与规划改革：2014 中国城市规划年会，中国海南海口，2014.

［219］吴殿廷．区域分析与规划（第 2 版）［M］．北京：北京师范大学出版社，2001.

［220］吴康，方创琳，赵渺希，等．京津城际高速铁路影响下的跨城流动空间特征［J］．地理学报，2013，68（2）．

［221］吴康，方创琳，赵渺希．中国城市网络的空间组织及其复杂性结构特征［J］．地理研究，2015，34（4）．

［222］吴建伟，毛蔚瀛．大规划：城市与产业［M］．上海：统计大学出版社，2009.

［223］吴玉鸣．高新技术产业开发区空间集聚分类的 SOM 模型及应用［J］．科学学与科学技术管理，2006（2）．

［224］席强敏，李国平．超大城市规模与空间结构效应研究评述与展望［J］．经济地理，2018，38（1）．

［225］夏铸九，王志弘．网络社会的崛起［M］．上海：上海交通大学出版社，2006.

［226］熊丽芳，甄峰，王波，等．基于百度指数的长三角核心区城市网络特征研究［J］．经济地理，2013，33（7）．

［227］熊励，王琨，许肇然．互联网支撑上海全球城市竞争生态优势提升研究：基于世界城市网络模型［J］．中国软科学，2018（9）．

［228］修春亮，孙平军，王绮．沈阳市居住就业结构的地理空间和流空间分析［J］．地理学报，2013，68（8）．

［229］杨晓敏，李玲琴，付建新．1986 年~2016 年青海省公路网络的可达性空间格局及其演化［J］．公路，2018，63（5）．

［230］杨兴柱，顾朝林，王群．南京市旅游流网络结构构建［J］．地理学报，2016（6）．

［231］姚胜永，潘海啸．基于交通能耗的城市空间和交通模式宏观分析及对我国城市发展的启示［J］．城市规划学刊，2017（3）．

［232］姚士谋．中国城市群［M］．合肥：中国科技大学出版社，2006.

［233］阎东彬，丁波，陈雪．基于要素流的京津冀城市群空间布局研究［J］．经济研究参考，2017（8）．

［234］叶磊，段学军，欧向军．基于交通信息流的江苏省流空间网络结构研究［J］．地理科学，2020，35（10）．

［235］于涛方．城市竞争与竞争力［M］．南京：东南大学出版社，2014.

［236］虞晓芬，傅玳．多指标综合评价方法综述［J］．统计与决策，2004（11）．

［237］张广来，李璐，廖文梅．基于主成分分析法的中国林业产业竞争力水平评价［J］．浙江农林大学学报，2016，33（6）．

［238］张帅．江西省旅游经济与生态环境耦合协调关系的时空分析［D］．东华理工大学硕士学位论文，2017.

［239］张卫东，石大千．基础设施建设对人口城市化水平的影响［J］．城市问题，2015（11）．

［240］张晓雪，周亚，李克强．中国人力资本总量变动的影响因素分析：教育扩展和人口变动［J］．北京师范大学学报（自然科学版），2015（3）．

［241］张学良，刘志平，孟美侠，等．加快发展大都市圈的战略与政策研究报告［R］．上海社科院城市与人口发展研究所，2018.

［242］张攀．长江三角洲城市群整合发展研究［D］．华东师范大学博士学位论文，2008.

［243］赵渺希，陈晨．中国城市体系中航空网络与生产性服务业网络的比较［J］．城市规划学刊，2011（2）．

［244］赵新正，李秋平，芮旸，等．基于财富500强中国企业网络的城市网络空间联系特征［J］．地理学报，2019，74（4）．

［245］赵映慧，高鑫，姜博．东北三省城市百度指数的网络联系层级结构［J］．经济地理，2020，35（5）．

［246］甄峰，王波，陈映雪．基于网络社会空间的中国城市网络特征：以新浪微博为例［J］．地理学报，2012，67（8）．

［247］郑德高，朱郁郁，陈阳．上海大都市圈的圈层结构与功能网络研究［J］．城市规划学刊，2017（5）．

［248］郑可佳，马荣军．Manuel Castells 与流空间理论［J］．华中建筑，2009，27（12）．

［249］郑玥，龙毅，明小娜，等．多种空间关系组合的地理位置自然语言描述方法［J］．地球信息科学学报，2011，13（4）．

［250］周婕，陈虹桔，谢波．基于多元数据的大都市区范围划定方法研究：以武汉为例［J］．上海城市规划，2017（2）．

［251］周一星，宁越敏．城市地理学［M］．北京：高等教育出版社，2009．

［252］周彬学，戴特奇，梁进社，张华．基于 Lowry 模型的北京市城市空间结构模拟［J］．地理学报，2013，68（4）．

［253］周春山，叶昌东．中国特大城市空间增长特征及其原因分析［J］．地理学报，2013，68（6）．

［254］国家统计局．中国统计年鉴［M］．北京：中国统计出版社，2021．

［255］邹海利．基于企业流空间的辽宁省城市空间网络研究［D］．哈尔滨工业大学博士学位论文，2017．

后　记

　　本书是在我的博士学位论文的基础上修改完成的。回首过往，在自己的求学之路上，每当在学习和生活上遇到困难、感到迷茫无助时，老师、同学、朋友、家人都会给我坚持下去的勇气和信心。

　　首先要感谢我的导师王玉海教授。王老师的博闻强识、见多识广令我敬佩，由于我是跨学科考入王老师门下的，在人文社科方面的理论基础薄弱，王老师总会不厌其烦地为我指引方向，言传身教。在王老师鼓励式的培养模式中，我树立了自信心，敢于尝试，最终结合自身优势找到了研究方向，并顺利地完成了博士学位论文。王老师和蔼可亲，无论是在学习中还是生活中遇到任何困难，和王老师沟通后总能让我拨云见日、豁然开朗。

　　感谢刘学敏老师，刘老师严谨的治学态度和儒雅、风趣、坚韧的品格对我产生了深远的影响。感谢李强老师在科研学习和调研工作中给予的鼓励和帮助，李老师对待工作认真、细致、负责的态度是我学习的榜样。感谢胡海峰老师、金建君老师、何春阳老师、张文新老师在开题、预答辩到答辩的过程中对我的论文提出了宝贵的意见和建议，使论文质量有了明显的提升。同时，也衷心感谢各位外审专家、答辩委员会的老师们，他们的意见引导使我更为深入地完成了研究，保证了论文的质量。

　　感谢师兄田建国、窦睿音，在我陷入迷茫的时候能帮我缓解焦虑的心情；师姐张昱、宋逸群、王岳经常与我谈心，并带我品尝各种美食；也谢谢师妹冯瀚钊、夏芳禹娃、汪欣欣、昝骁毓、王晓苹、赵瑞、高彤，师弟孙岩、刘琨在工作中给予的支持和帮助。还有我的朋友们——山丹、苏日高格、李凤滋、李博闻、张帅，谢谢你们能跟我聊过去、想未来、分享快乐，每次与你们相聚都让我感受到生活的美好与幸福，祝你们在未来的工作和生活中都能一帆风顺。

　　最后，感谢父母对我求学生涯的全力支持，多年在外的求学生涯让我和家人聚少离多，但父母给了我最温暖的避风港，是我一路走来最坚强的后盾，他们的幸福是我奋斗的动力。希望从此以后，我能将更多的精力投入家庭中，照顾好父母，成为他们坚实的依靠。

求学数十载，帮助、关心我的人有很多，在此对诸位致以最深的感谢。愿未来我们所有人都能在自己的人生中实现自己的价值，创造属于自己的辉煌！

张鹏飞

2022 年 7 月于西安